Anna Koppri

Wir

mit oder ohne Wunschkind

Über die Autorin

Anna Koppri, 1982, ist Sozialpädagogin, systemische Familientherapeutin und freie Autorin.

Sie hat selbst mehrere Jahre des unerfüllten Kinderwunsches erlebt und ist jetzt dankbare Mama von zwei kleinen Söhnen. Mit ihrer Familie genießt sie das bunte Leben in Berlin, engagiert sich für die Anti-Sklaverei-Bewegung *International Justice Mission* und wünscht sich ein zweites Leben, das ausschließlich dem Lesen vorbehalten wäre. Sie ist fasziniert von Gott und freut sich, auf ihrem Weg immer neue Facetten dieses unfassbaren Mysteriums zu entdecken.

Anna Koppri

Wir mit oder ohne Wunschkind

Auf dem Weg zu einem erfüllten Leben.
Paare erzählen.

Allen Sehnenden

Inhalt

Vorwort 9

Anna Koppri 13
Tagebuch vom Kinderwünschen

Conni und Daniel 33
Wir haben uns für medizinische Hilfe entschieden

Marion 53
Mein Glück hängt nicht von eigenen Kindern ab

Claudia* und Norbert* 65
Manchmal vergessen wir, dass es nicht unsere eigenen sind

Frida 81
Gott sieht auch das kleinste Leben

Rebekka und Sara 85
Zwei Schwestern mit Kinderwunsch

Rebekka Schwaneberg 95
Eine fruchtbare Verbindung

Katharina* und Felix* 101
Wir führen auch ohne Kinder ein erfülltes Leben

Barbara 111
Von Gott beschenkt

Elli und Micha 129
Unser schwerer Verlust lenkt unseren Blick auf die Geschenke

Judith und Jörg 147
Gottes Wege sind gut

Fragen an Christina Brudereck 165

Christina Brudereck 168
Kinderlos I
Kinderlos II

Medizinische und beraterische Sichtweise auf den unerfüllten Kinderwunsch 173
Ein Interview mit Dr. med. Ute Buth

Christliche Gruppen für Frauen und Paare im Kinderwunsch 203
Das Hope-Kinderwunsch-Netzwerk

Dank 207

Kontakt 209

Empfehlungen 211
Weiterführende Literatur
Rat und Unterstützung

Stichwortverzeichnis 217

Hinweis: Alle mit Sternchen versehenen Namen wurden von der Autorin geändert.

Vorwort

In diesen Tagen trauere ich mit zwei mir nahestehenden Paaren. Ein noch kinderloses Paar muss einen zweiten Abort verarbeiten, nachdem es für einige Wochen leise zu hoffen gewagt hat, bald eine Familie zu sein. Das andere Paar lässt seinen Kinderwunsch los, für den die beiden jahrelang an ihre seelischen, körperlichen und finanziellen Grenzen gegangen sind. Beides ist wie ein Tod, der eine Beerdigung verdient hätte. Um gebührend Abschied zu nehmen, um der Trauer Raum zu geben und der Welt zu zeigen: da ist jemand gestorben, den wir sehr geliebt, auf den wir uns so sehr gefreut haben. Trauert mit uns um unseren Verlust!

Viel zu leise passieren diese Tode. Hinter verschlossenen Türen, eingeschlossen in Menschen, die keine Worte finden, für Gefühle, die von Außenstehenden so schwer begreifbar, so schwer nachfühlbar sind. Jedes Einsetzen der Periode kann wie ein solcher kleiner Tod sein für ein Paar, das sich nichts sehnlicher wünscht, als ein eigenes Kind. Jedes siebte Paar mit Kinderwunsch in Deutschland hat Schwierigkeiten, Kinder zu bekommen.

Ich habe selbst erlebt, wie es ist, immer wieder zu hoffen und immer wieder enttäuscht zu werden. Wie es sich anfühlt, lang ersehnte Schwangerschaften zu verlieren und wie weh es tut, sich in seiner Not nicht verstanden zu fühlen. Ich habe auch erlebt, wie tröstlich es sein kann, sich mit Menschen, die ähnliche Erfahrungen gemacht haben, auszutauschen, sich gegenseitig zu verstehen und Hoffnung zu geben. Und ich habe erfahren, wie mein Wunsch nach einem eigenen Kind Ausmaße angenommen hat, die mir nicht gut getan haben.

Fast drei Jahre meines Lebens habe ich mich auf einen Mangel fokussiert und mich davon bestimmen lassen. Ich habe diesen Mangel so groß werden lassen, dass ich mich gefühlt nur noch um ihn gedreht habe, was mich wiederum gelähmt und mir verwehrt hat, meinen Blick auf all das Schöne zu richten, das mein Leben in dieser Zeit hätte erfüllen können.

„84 Monate – Sieben Jahre gefangen im Kinderwunsch" heißt ein Buch von Julie von Bismarck, das ich gerade lese. Die Autorin erzählt darin ihre eigene Geschichte und der Titel beschreibt sie sehr gut. Ich wünsche mir, dass das vorliegende Buch für manch Gefangene*n ein warmer Lichtstrahl sein darf, der bis in die dunkle Gefängniszelle hinabdringt, oder wie ein Freund, der zu Besuch kommt und tröstende Worte findet, oder gar wie eine Taube mit einem grünen hoffnungsbringenden Zweig im Schnabel.

Ich wünsche mir, dass Menschen, die nicht gefangen sind, aber auf einem steinigen Weg mit offenem Ausgang, in diesem Buch einen Gefährten finden, der mit ihnen geht. Dass es Trauernden zur Seite stehen und ihnen Worte schenken kann. Ich wünsche mir, dass Menschen, die diese Erfahrungen nicht machen mussten, durch dieses Buch eine Idee davon bekommen, wie ein unerfüllter Kinderwunsch sich anfühlen kann und wie sie vielleicht ein Stückweit mittragen können, was ihren Lieben so schwer auf den Herzen liegt. Ich wünsche mir, dass Gemeinden sensibilisiert werden, Paaren in ihrer Gemeinschaft beizustehen und ihnen Räume für ihre Trauer und ihre Fragen zu schaffen, anstatt ihnen Bibelverse oder gut gemeinte Ratschläge *um die Ohren zu hauen.*

Mein Kinderwunschweg ist gut ausgegangen und mir ist bewusst, dass es unendlich viele Paare gibt, die nichts lieber täten, als mit mir zu tauschen. Deshalb fällt es mir nicht leicht, hier zu schreiben und Worte zu finden, für euch, deren Erfahrungen wie offene Wunden klaffen und die ihr nicht mehr zu hoffen wagt. Ich kann mir nicht vorstellen, wie schmerzvoll das sein muss! Mein Gebet für alle in einer verzweifelten Lage ist, dass sie sich trotz allem getragen fühlen und den Frieden spüren, der unser menschliches Denken übersteigt. Dass sie den Gott erleben, der selbst in den dunkelsten Stunden, wenn wir ihn verfluchen, unsere Hand nicht loslässt.

In diesem Buch erzählen Paare ihre wahre Geschichte. Menschen, die einen schweren Kinderwunschweg gegangen sind und für sich Möglichkeiten gefunden haben, trotz allem ein erfülltes Leben zu führen – manche mit und manche ohne Kinder. Jede Geschichte ist einzigartig, und jeder Mensch geht auf seine ganz eigene Weise mit diesem Thema um. Es gibt Geschichten, in denen Gott Wunder getan hat und andere, in denen diese ersehnten Wunder niemals eingetroffen sind. Menschen, die dennoch nicht bitter geworden sind, sind für mich echte Vorbilder. Ich weiß nicht, ob ich an ihrer Stelle diese Kraft hätte.

Die Geschichten sollen keine *Rezepte* sein, sondern Trost spenden, Mut machen, Inspiration sein. Jedes Paar hat seine ganz individuelle Geschichte mit diesem sensiblen Thema, trifft seine ganz persönlichen Entscheidungen und schlägt seine eigenen Wege ein. Es gibt nicht *den* richtigen Umgang oder Weg mit diesem Thema, nur wünsche ich mir, dass jedes Paar für sich einen Weg findet, an dem es nicht zerbricht und der ihr Leben lebenswert sein lässt, auch in schweren Zeiten.

Anna Koppri

Anna Koppri

Tagebuch vom Kinderwünschen

Mai 2014: Spießrutenlauf im Kinderwagen-Paradies

Schon seitdem ich ein kleines Mädchen war, erfüllt mich die große Sehnsucht, einmal Mutter zu sein. Wenn mich jemand fragte, was ich vor meinem Tod noch erleben möchte, sagte ich: „Mein eigenes Kind im Arm halten."

Ich war schon immer fasziniert von dem Gedanken, dass ein Menschlein in mir heranwächst und ich als Frau die Möglichkeit habe, die Grenzerfahrung einer Geburt zu erleben. Ein Freund nannte mich manchmal „die Mutter ohne Kind", weil ich scheinbar eine natürliche Mütterlichkeit ausstrahle, wenn ich mit Kindern zusammen bin.

Jetzt, mit Anfang dreißig, versuchen mein Mann und ich schon monatelang, schwanger zu werden. In unseren Flitterwochen haben wir noch überlegt, dass es doch schön wäre, wenn das Kind im Sommer Geburtstag habe, weshalb wir ein Jahr nach der Hochzeit im Herbst mit der *Familienplanung* beginnen wollten.

Doch langsam wird mir schmerzlich bewusst, dass ich diese vermeintliche *Familienplanung* alles andere als selbst in der Hand habe. Jeder Zyklus zieht sich schier endlos in die Länge, mir kommt es vor, als würde ich seit Jahren warten. Immer wieder diese Gefühlsachterbahn von Hoffen und Warten, meinen Körper ganz genau zu beobachten, jedes kleinste Zipperlein auf eine mögliche Schwangerschaft hin im Internet zu recherchieren, und dann, beim Einsetzen der Periode, falle ich in ein Loch. Ich muss die Hoffnung für diesen Monat loslassen – wieder 28 Tage, die sich vergeblich anfühlen. Mein Kinderwunsch bestimmt mittlerweile mein ganzes Denken, und innerlich definiere ich mich über den empfundenen Mangel.

Die Gesichter der glücklich wirkenden Mütter mit ihren stolz zur Schau gestellten *Babykutschen*, die mir täglich scharenweise begegnen – selbst schuld, wenn man im kinderreichsten Stadtteil Europas wohnt –, verziehen sich für mich zu gehässigen Fratzen. Wortlos scheinen sie mir zu verstehen zu geben: *Ich habe es geschafft, ich bin Mutter. Und du, wer bist du?*

Ja, wer bin ich eigentlich? Habe ich überhaupt eine Lebensberechtigung, ohne mich fortzupflanzen? Ist es nicht mein Auftrag, fruchtbar zu sein und mich zu vermehren? Bin ich eine richtige Frau, wenn mein Körper das nicht kann? So oder ähnlich setzen sich diese Gedankengespinste in mir fort, und ich muss mich jedes Mal zwingen, da auszusteigen.

Wenn ich Teenagermüttern oder müden, überforderten Frauen begegne, die ihre Kinder unsanft zum Bus zerren oder anschreien, denke ich: *Warum die und nicht ich?*

In meinem Freundeskreis sind gefühlt alle schwanger oder gerade Eltern geworden. Vor meinen eigenen Bemühungen konnte ich mich mit jeder von ihnen freuen. Jetzt fällt es mir immer schwerer, schwangere Freundinnen zu besuchen oder den Einladungen zu Babypartys nachzukommen.

August 2014: Endlich schwanger

Ein Jahr lang habe ich gewartet, gebangt, so sehr gehofft, täglich zig Mal an mein erwünschtes Kind gedacht und immer wieder die Enttäuschung heruntergeschluckt. Endlich die Erlösung: Eine zweite Linie auf dem Teststreifen. Ich bin schwanger! Anstatt Freudentänze aufzuführen, bin ich unsicher, ob alles gut geht und warte die erste Untersuchung bei der Frauenärztin ab.

Nachdem ich sehe, dass sich die Fruchthöhle gut in der Gebärmutter eingenistet hat, bin ich erleichtert und kann mich endlich freuen. Fortan schwebe ich einige Zentimeter über dem Boden. Mein Mann und ich malen uns die Zukunft zu dritt aus, streiten schon über Namen, er küsst meinen Bauch und schreibt liebe Zettel und SMS mit Botschaften wie: „Ich vermisse euch." Ich freue mich darauf, in ein paar Monaten aus dem Job als Sozialpädagogin auszusteigen und mich nur um meine kleine Familie kümmern zu dürfen.

Doch beim nächsten Arzttermin werde ich aus meinen Träumen gerissen: Ein kleiner Herzschlag ist zu sehen, doch der Embryo ist zu klein, hat sich zwei Wochen zu langsam entwickelt. Die kommende Zeit ist von Bangen, Hoffen und Beten geprägt. Nun habe ich alle paar Tage Termine bei der Frauenärztin und, obwohl das Kleine offensichtlich wächst, hellt sich ihre sorgenvolle Miene nicht auf. Das Ausstellen eines Mutterpasses verschiebt sie jedes Mal auf den nächsten Termin.

Sie schickt mich zur Feindiagnostik. Es müsse abgeklärt werden, ob der Embryo lebensfähig sei oder besser eine Ausschabung vorgenommen werden sollte. Ich bin entsetzt. Niemals würde ich ein kleines Wesen mit einem schlagenden Herzen töten. Ich finde, es steht allein Gott, der Leben schafft, zu, darüber zu entscheiden.

So fallen meine Gebete heute etwas anders aus. Verzweifelt, zitternd, ringend, löse ich die geballten Fäuste, mit denen ich die letzten Wochen versucht habe, das Kleine aus eigener Kraft festzuhalten und halte ihm meine leeren Hände hin: „Wenn das winzige Menschlein aus irgendeinem Grund nicht lebensfähig ist, lass es bitte schon jetzt sterben und erlöse mich von dieser furchtbaren Ungewissheit."

Trotz der unerträglichen Situation durchströmt mich ein tiefer Frieden. Am nächsten Tag bei der Feindiagnostik sehe ich, wie schnell mein Gebet erhört wurde. Obwohl der Bildschirm riesig ist, ist kein Herzschlag mehr zu sehen. Weinend breche ich zusammen. Einen Zentimeter ist es erst groß, unser lang ersehntes Wunschkind, das nach wenigen Wochen zu einem *Himmelskind* geworden ist. Und schon beginnt mein Körper damit, es loszulassen, als habe er nur auf das Erlöschen des winzigen Herzchens gewartet. Meine Seele kommt bei diesem Tempo nicht hinterher.

Fabian und ich nehmen uns ein paar Tage frei. Trauern. Geben dem Menschlein einen Namen, schreiben Abschiedsbriefe, lassen es ganz bewusst los und trösten uns in der Hoffnung, es bei Gott gut aufgehoben zu wissen. Ein Schmetterling fliegt in unser Wohnzimmer und wir setzen ihn symbolisch wieder in die Freiheit. Das Leben hat sich verlangsamt. Wir machen ausgedehnte Spaziergänge, sitzen auf dem Sofa und reden, lassen den Tränen freien Lauf. Es sind die intensivsten Tage unserer gesamten bisherigen Beziehungszeit.

Zu Fabian sage ich: „Das Einzige, was mich jetzt wirklich trösten könnte, ist ein kleiner Hund!"

September 2014: Absaugung

Was für ein furchtbares Wort. Mein Computer will es mir gar nicht durchgehen lassen, macht immer *Abstufung* daraus und wenn ich ihn korrigiere, ist er beleidigt und unterstreicht es mit Rotstift. Meine Ärztin macht mir deutlich, dass ich einen operativen Eingriff benötige, weil es gefährlich sein könnte, wenn mein Körper nicht alles Gewebe, das in der Schwangerschaft aufgebaut wurde, abstößt. Sie will mir die Überreste meines verstorbenen Babys raussaugen.

Ich aber will das nicht, denn ich habe irgendwo gelesen, dass der Körper das auch alleine kann. Doch als mir selbst eine naturverbundene Freundin zu dem Eingriff rät, bestätige ich den Termin. „Freitag, 8 Uhr. Bitte nüchtern", sagt meine Ärztin.

Ich fülle die Narkosefragebögen aus. In meinem ganzen Leben hatte ich noch keine Vollnarkose. Nachts schlafe ich unruhig, morgens packe ich ein Nachthemd in meinen Rucksack und mache mich auf den Weg zur ambulanten Klinik um die Ecke. Ich werde routiniert freundlich empfangen und soll das Nachthemd und eine OP-Haube anziehen.

Dann lege ich mich in einem großen Raum auf eine schmale Pritsche. Es gibt viele Pritschen in diesem Raum, die nur durch Vorhänge voneinander getrennt sind. Man gibt mir eine Ibuprofen 800, um die Schmerzen nach dem Aufwachen zu lindern und dann warte ich auf meinen *Auftritt.*

Ein paar Betten neben mir bekomme ich mit, dass eine Frau eine Abtreibung durchführen lassen will. Mir wird schlecht. Am liebsten möchte ich hingehen und ihr zuflüstern, dass sie ihre Sachen packen und verschwinden soll, solange es noch nicht zu spät ist. Sie kann dieses wundervolle Leben noch retten. Das Kind, dessen Herz nicht aufgehört hat zu schlagen. Stattdessen bleibe ich wie erstarrt liegen und beiße die Zähne zusammen.

Ich bin wütend auf meine Ärztin. Es fühlt sich wie Verrat an, dass dieselbe Frau, die gerade noch mit mir so mitfühlend über meinen Verlust gesprochen hat, jetzt gleich ein kerngesundes (davon gehe ich einfach mal aus) kleines Leben töten wird. Was nicht heißt, dass ich in Einzelfällen eine solche Entscheidung nicht auch verstehen kann.

Dann kommen sie mich holen. Ich werde in den OP geschoben und soll mich dort auf einen gynäkologischen Stuhl in Übergröße setzen. Der Raum sieht aus wie ein Badezimmer. Überall weiße Fliesen, helles Licht. Meine Ärztin begrüßt mich freundlich. Zwei Männer sind auch da. Der eine legt mir eine Infusion, der andere sagt irgendwas und hält mir dann eine Atemmaske vor Mund und Nase. Ich bekomme gerade noch mit, wie er mir sanft den Kopf streichelt. *Nett* – denke ich, dann bin ich weg.

Als ich aufwache, liege ich wieder in meinem Abteil auf der Pritsche. Ich habe tierische Schmerzen im Unterleib, und das grelle, künstliche Licht beißt mir in den Augen. Jemand kommt vorbei und fragt, wie es mir geht. Ich lasse mir gleich zwei oder drei *Anti-Schmerz-Cocktails* verabreichen, bis schließlich die Schmerzwogen zu tosen aufhören.

Irgendwie bekomme ich mit, dass Fabian gekommen ist, um mich abzuholen. Mein einziger Gedanke ist: *Ich will hier weg! Jetzt sofort!* Das gebe ich auch einem Pfleger zu verstehen, der mich erst noch hinhalten will, sich aber dann darauf einlässt, meinen Blutdruck zu messen. Ich soll mich vor ihn hinstellen und ihm zeigen, dass ich schon stabil bin. Ein paar Sekunden reichen ihm, mich in den Umkleideraum zu entlassen.

Benommen ziehe ich mich, so schnell ich kann, um und gehe in den Empfangsraum. Als mein Mann mich in den Arm nimmt, wird mir schwarz vor Augen. Irgendwer schimpft, bringt mich auf eine Bank, legt meine Beine hoch und ich bekomme einen Becher Zuckerwasser zu trinken. Die anderen Begleitpersonen schauen verstohlen zu mir rüber. *Mir doch egal*, denke ich. *Hauptsache ich bin da raus.* Als die Sterne vor meinen Augen verschwunden sind, ruft die Schwester ein Taxi – die kürzeste Taxifahrt meines Lebens.

Zu Hause falle ich sofort ins Bett und schlafe ein paar Stunden. Fabian hat mir einen hässlichen, aber liebenswerten kleinen Stoffhund gekauft. Ich nenne ihn Wauzi. Nette Geste, doch er kann mich natürlich nicht annähernd so trösten, wie ein lebendiger es getan hätte.

Wie es mir geht? Beschissen! Ich fühle mich, als wäre jemand in den absolut unbetretbaren Raum in meinem Inneren eingedrungen und hätte mir das Kostbarste gestohlen, das ich je besessen habe.

Zwei Tage später gehe ich einkaufen. Es fühlt sich an, als sei ich aus Glas und jeder könne genau sehen, was mit mir passiert ist. Ich halte die Blicke der anderen nicht aus, vermeide jeden Augenkontakt, ziehe meine Kapuze über den Kopf und sehe zu, dass ich nach Hause komme.

Das Angebot meiner Ärztin, mich für eine weitere Woche krankzuschreiben, war vielleicht doch ein ganz weiser Vorschlag. Ich gehe zu ihr und hole mir den gelben Schein ab.

Dann bekomme ich furchtbare Bauchschmerzen. Das Internet erklärt mir, dass das eine Magenschleimhautentzündung ist, die sich gern mal einstellt, wenn man zu viele Schmerzmittel auf nüchternen Magen bekommt. Auch die psychische Verfassung soll dabei eine Rolle spielen. Es tut beschissen weh. Jede kleinste Bewegung versetzt mir tausend Nadelstiche in den Bauch. Wenigstens passt jetzt meine körperliche Befindlichkeit zu meiner emotionalen.

Ein paar Wochen später lasse ich mir ein kleines Vögelchen in die Nähe meines Herzens tätowieren. Ich möchte, dass dieses Kindlein auch sichtbar immer ein Teil von mir bleibt, vielleicht einmal großer Bruder oder große Schwester sein darf.

Mein Blick auf schwangere Frauen hat sich verändert. Jetzt schaue ich sie an und denke: *Wow, weißt du eigentlich, was für ein Wunder es ist, dass da ein Kind in dir wächst? Ich wünsche dir alles Gute.*

9 Monate später: Eine neue Hoffnung

Bei uns beginnt wieder die Achterbahn des ewigen Bangens, Hoffens und Enttäuschtseins. Ich lese in Foren, verzichte auf Alkohol, probiere alle möglichen angeblich fruchtbarkeitssteigernden Mittelchen. Und dann, genau um den Termin herum, an dem unser Vögelchen geboren werden sollte, bin ich endlich wieder schwanger. Überglücklich und voller Zuversicht.

Ich habe gelesen, dass erste Schwangerschaften relativ häufig nicht bleiben. *Na, dann sollte ja jetzt bei der zweiten nichts mehr schiefgehen,* denke ich.

Doch schon eine Woche später werde ich jäh aus meinen Träumen gerissen. Unter Bauchkrämpfen, Blutungen und mit Schüttelfrost fahre ich mit meinem Mann in ein Krankenhaus. Der Arzt bestätigt die Schwangerschaft und macht uns bei der Menge an Blut, die ich bereits verloren habe, keine Hoffnung auf ein Fortbestehen. Nur noch sein Bericht bestätigt, dass da ein weiteres winziges Leben begonnen hatte, in mir zu wachsen.

Dieses Mal bin ich einfach nur wütend und frustriert. Schmeiße Gott meine Fragen vor die Füße – Antworten gibt es nicht.

Februar 2017: Unser Wunder

Ich kann es noch nicht fassen: Wer da so friedlich in meinem Arm liegt und schläft ist *unser Sohn* Antonin! Dreieinhalb Jahre nach Beginn unserer Kinderwunsch-Odyssee halte ich tatsächlich mein eigenes, kerngesundes Baby im Arm. Wir haben uns von einer Kinderwunschklinik untersuchen lassen, ohne konkrete Ergebnisse. Um eine Schwangerschaft zu begünstigen, habe ich mich dennoch mit Hormonen vollgepumpt, die in jedem Zyklus zuerst Symptome von Wechseljahren hervorriefen und später eine Schwangerschaft simuliert haben. Freunden, die für uns gebetet haben, habe ich gesagt, sie könnten damit aufhören, das würde sowieso nichts nützen. Und als ich schon lange nicht mehr daran glauben konnte, war sie doch wieder da: die zarte zweite Linie auf dem Test.

Die ersten Monate der Schwangerschaft waren schlimm. Nach den bisherigen Erfahrungen fühlte sich jeder Toilettengang an, als würde ich zu einer Beerdigung gehen. Wenn kein Blut auf dem Papier war, ein kleiner Triumph. Ein Segen, dass ich mir jeden Tag eine Thrombosespritze verabreichen durfte, weil mein Blut ein wenig zu dickflüssig ist und Studien zufolge dadurch das Risiko einer frühen Fehlgeburt gesenkt werden könne. Diese Nadel lullte mich in die Illusion, ich hätte irgendetwas in der Hand, ein kleines Herzchen in mir weiter am Schlagen zu erhalten. Aber die Angst wurde erst dann weniger, als ich die Bewegungen meines Kindes spüren konnte. Abends legte ich ein Musikinstrument auf meinen Bauch und spielte für ihn.

Jetzt ist er da. All die Monate voller Bangen, Verzweiflung, Trauer und Hoffnung haben mich innerlich wachsen lassen. Mein Gottesbild hat sich verändert. Gott ist für mich nicht mehr der nette Kumpel, der immer an meiner Seite ist und sich darum kümmert, meine Wünsche zu erfüllen. Er ist größer und faszinierender für mich geworden, näher und gleichzeitig weiter weg. Ich kann ihn nicht ergründen und fühle mich gleichzeitig in ihm gegründet.

Es fällt mir leichter als anderen Müttern, nicht zu jammern, wenn die Nächte kurz sind, ich an Freizeitaktivitäten meiner Freunde nicht teilnehmen kann, der Kleine ständig krank ist oder mal wieder die Wohnung verwüstet hat. Ich bin unglaublich stolz auf mein kleines, großes Wunder und fühle mich sehr wohl in der Mutterrolle. Es ist nicht selbstverständlich, diesen lebendigen Liebesbeweis Gottes im Arm halten zu dürfen. Das erfüllt mich mit Ehrfurcht und lässt den Wunsch in mir noch stärker werden, diese kleine, ganz eigene Persönlichkeit so zu begleiten, dass sie sich frei entfalten kann.

Lesenswert

Neue Bücher von Gerth Medien

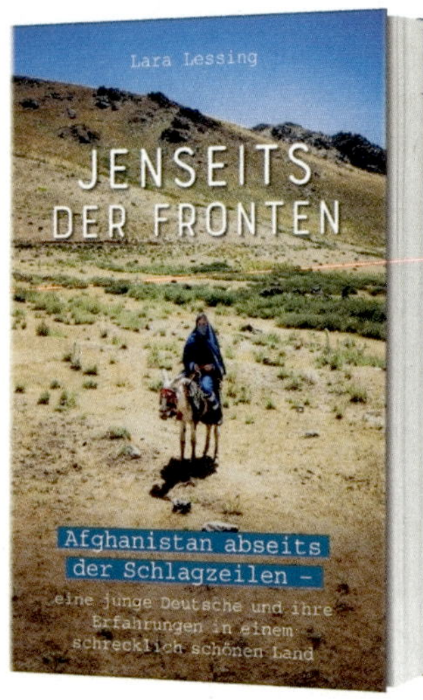

„Vor meinem inneren Auge lief ein kleiner Film ab. Es war, als würde Gott mir ‚sein' Afghanistan zeigen: voller Farben, Individualität und Dynamik. Ich verstand: Gott liebt dieses Land. Und es ist ihm wichtig."

Lara Lessing

Erlebnisse in einem schrecklich schönen Land

Aufgewachsen in einem kleinen Allgäuer Dorf, weiß Lara Lessing schon früh: Sie will die Welt sehen! Nach ihrer abgeschlossenen Ausbildung als Krankenschwester geht sie auf eine abenteuerliche Reise, die sie nach Afghanistan führt, das für die meisten der Inbegriff von Schrecken und Krieg ist. Doch ist diese Furcht wirklich begründet? Oder gibt es dort vielleicht mehr Liebenswertes und Schönes als gedacht? Dieser Erfahrungsbericht einer mutigen jungen Frau zeigt eindrücklich, was es bedeutet, in Afghanistan zu leben, zu arbeiten und zu glauben.

Lara Lessing • Jenseits der Fronten • Klappenbroschur • Bildteil • 272 Seiten
€ 17,– (€ [A] 17,50/CHF 26,20*) • ISBN 978-3-95734-665-0 • Nr. 817665

„Spannend und mitreißend, von der ersten Seite an. Dieses Buch macht Mut, auch unter schwierigsten Umständen nicht aufzugeben."

Silvia Lutz, Übersetzerin

Eine junge Frau kämpft sich ins Leben zurück

Als Victoria im Alter von elf Jahren schwer erkrankt, ist die Diagnose erschütternd: „Locked in"-Syndrom – eingeschlossen im eigenen Körper bei völligem Kontrollverlust über ihren Sprach- und Bewegungsapparat. Doch nach vier Jahren gelingt ihr die Rückkehr ins normale Leben – getragen von der Liebe ihrer Familie, großer Willenskraft und kindlichem Gottvertrauen. Heute ist sie TV-Moderatorin, Model, Schauspielerin und Gewinnerin einer paralympischen Goldmedaille im Schwimmen. Eine kaum fassbare Geschichte voller Tragik, Überlebenswillen und Glauben.

„Dieses Buch steckt voller Inspiration, Ermutigung und großartiger Ideen, um Nächstenliebe zu verbreiten!“

Leserstimme

Glücksmomente zu verschenken

Dieses Impulsbuch ist für alle, die mitten im Alltag einen positiven Unterschied machen wollen. Ausgangspunkt ist der Selbstversuch dreier Familien, ihren Mitmenschen mit mehr Güte und Freundlichkeit zu begegnen. Ein Experiment mit erstaunlichem Ausgang ... Die 100 leicht umsetzbaren Anregungen sind praxiserprobt und inspirieren dazu, mehr Liebe und Wärme in die Welt zu tragen. Entdecken Sie die Kraft der Freundlichkeit – sie verändert Herzen, inspiriert Familien und bringt uns Gott näher.

Fisk / Roehl / Demery • Glücksmomente zu verschenken • Gebunden
224 Seiten • € 15,– (€ [A] 15,50/CHF 23,10*) • ISBN 978-3-95734-711-4 • Nr. 817711

„Ich bin so dankbar, dass es dieses Buch gibt. Die Andachten sind ermutigend und richten den Blick immer wieder auf das, was Gott zu uns und über uns sagt. Ein tolles Geschenk für eine Freundin, die die Botschaft hören muss, dass sie ‚wunderbar gemacht' ist, so wie sie ist."

Nicole Schol, Lektorin

Du bist gut, so wie du bist

Kennst du sie auch, die kleine Stimme, die dir ständig einflüstert: Du bist zu vorlaut. Zu ruhig. Zu jung. Zu alt. Zu unwichtig. Zu hässlich. Zu albern. Zu … . Jess Connolly und Hayley Morgan zeigen in ihrem ermutigenden und praktischen Buch: Egal, wo du gerade im Leben stehst und wie Gott dich geschaffen hat – er liebt dich. Mit allen Ecken und Kanten. Mithilfe von Bibelversen und Gedankenanstößen helfen sie dir dabei, den Platz im Leben zu finden und anzunehmen, den Gott für dich im Sinn hat. Ein wunderbares Andachtsbuch, das jede Menge Zuversicht schenkt.

Connolly / Morgan • Geliebt. Mit allen Ecken und Kanten • Gebunden
320 Seiten • € 16,– (€ [A] 16,50/CHF 24,60*) • ISBN 978-3-95734-717-6
Nr. 817717

Gottes „Ja zu dir“ steht schon seit Anbeginn der Zeit fest. Dieses Buch ermutigt dich, dir zu Beginn jeder neuen Woche fünf Minuten Zeit zu nehmen, um dich mit Gottes Wahrheiten aufzutanken und auch Gott ganz bewusst dein Ja zu geben. So kann die neue Woche kommen – mit all ihren Herausforderungen und anstehenden Entscheidungen.

Déborah Rosenkranz • Ja zu dir
Gebunden • 240 Seiten
€ 16,– (€ [A] 16,50/CHF 24,60*)
ISBN 978-3-95734-716-9 • Nr. 817716

Sheila Serrer hatte keine einfache Kindheit. Ihr Vater war alkoholkrank, die Mutter depressiv. Und ihre innere Leere riesengroß. Bis Gottes Blick sie traf und ihr Wert und Würde gab. Einfühlsam gibt die Autorin wertvolle Erkenntnisse weiter, wie auch wir unsere „toten Winkel“ unter Gottes liebenden Blick stellen und uns von ihm gesundlieben lassen können.

Sheila Serrer • Sein Blick heilt dein Herz
Klappenbroschur • 176 Seiten
€ 15,– (€ [A] 15,50/CHF 23,10*)
ISBN 978-3-95734-718-3 • Nr. 817718

Aufgewachsen in einem christlichen Elternhaus, steckte der Glaube von Alexander Preiss als junger Erwachsener in einer Sackgasse. Er stellte ihn deshalb auf den Prüfstand und lädt auch den Leser ein, Fragen und Zweifel zuzulassen und Neues zu wagen. Ein Buch, das ermutigt zum Weiter-Denken, Weiter-Kommen und Weiter-Glauben.

Alexander Preiss • Glaub nicht alles, was du weißt • Gebunden • ca. 176 S.
€ 15,– (€ [A] 15,50/CHF 23,10*)
ISBN 978-3-95734-731-2 • Nr. 817731

Immer wieder sorgt die Bibel für überraschende Aha-Erlebnisse und fordert dazu heraus, ihre Lebensdienlichkeit für sich zu entdecken. Klaus Jürgen Diehl weckt Neugier auf die biblische Botschaft – und das auch bei Kritikern und Skeptikern, die an der Wahrheit der biblischen Überlieferung zweifeln.

Klaus Jürgen Diehl • Bloß nicht fromm werden!? • Gebunden • 176 Seiten
€ 13,– (€ [A] 13,40/CHF 20,–*)
ISBN 978-3-9-5734-733-6• Nr. 817733

„Die Geschichten, Impulse und Zitate in diesem Buch sollen Sonnenstrahlen sein. Mögen die Worte Sie trösten und ermutigen."

Ingrid Boller

Ermutigende Gedanken für trübe Tage

Mutlosigkeit, schwierige Zeiten oder negative Gedanken sind wie düstere Regenwolken am Himmel. Sie versperren uns den Blick auf die Sonne. Die Geschichten, Gedanken und Zitate in diesem Buch wollen Mut machen, neue Kraft schenken und zeigen, dass Gott immer an unserer Seite ist, egal, wie das Leben gerade ist. Mit hoffnungsvollen Texten von Max Lucado, Jürgen Werth, Alice Gray, Rainer Haak, Andi Weiss, Rosemarie Dingeldey, Francine Rivers, Martin Luther und vielen anderen.

Ingrid Boller (Hg.) • Ich schenk dir ein paar Sonnenstrahlen • Gebunden
144 Seiten • € 10,– (€ [A] 10,30/CHF 15,40*) • ISBN 978-3-95734-696-4
Nr. 817696

100 Ideen, wie Sie Ihren Ehepartner ermutigen können

Worte der Ermutigung, Kraft und Liebe tun den Herzen gut. Mit diesen beiden Büchern zeigen die Autoren auf, wie eine gute Kommunikation in der Ehe aussieht. Und welche Worte unsere Partner immer wieder hören sollten. Enthalten sind 100 Anregungen, mit denen die Beziehung vertieft, gefestigt und intensiviert werden kann. Zwei liebevoll gestaltete Geschenkbücher für Paare jeden Alters.

Lisa Jacobson • 100 Ideen, wie du deinem Mann geben kannst, was er braucht
Gebunden • ca. 160 Seiten • € 12,– (€ [A] 12,40/CHF 18,50*)
ISBN 978-3-95734-713-8 • Nr. 817713

Matt Jacobson • 100 Ideen, wie du deiner Frau geben kannst, was sie braucht
Gebunden • ca. 160 Seiten • 12,– (€ [A] 12,40/CHF 18,50*)
ISBN 978-3-95734-714-5 • Nr. 817714

„Viele unserer Sorgen rühren daher, dass wir Gott nicht als unseren liebenden Vater sehen. Dieses Buch wird Ihnen helfen zu erkennen, wie sehr Gott Sie liebt und dass er sich um alle Einzelheiten Ihres Lebens kümmern will."

Rick Warren,
Pastor und Bestsellerautor

Gott als liebevollen Vater kennenlernen

Welches Bild haben Sie von Gott? Ist er der alte Mann über den Wolken? Ein Richter, der uns bestraft? Ein guter Kumpel? Was wäre, wenn Gott ganz anders ist? Wenn er uns nahekommen will – als Vater? Louie Giglio macht seine Leser mit einem Gott bekannt, der alles andere als distanziert ist. Dieser Gott ist liebevoll und immer für uns da. Er will mit uns durch die harten Zeiten gehen und uns helfen, auch mit dem Schmerz einer zerrütteten Vaterbeziehung fertigzuwerden. Er will trösten und heilen, aber auch liebevoll korrigieren. Ein Buch, das ganz neu mit einem liebenden Gott vertraut macht.

In diesem überarbeiteten und erweiterten Bestseller erklärt Gordon MacDonald, wie Sie effektiver mit Ihrer Zeit umgehen können. Und er macht deutlich, wie eine tiefe Beziehung zu Gott Ordnung in alle Lebensbereiche bringt. Er leitet Sie dazu an, über Ihre Berufung nachzudenken und regelmäßigere Zeiten mit Gott einzuplanen. Denn echte Veränderung geschieht von innen nach außen.

Wie kann ich Gottes Willen für die großen und kleinen Entscheidungen in meinem Leben erkennen und tun? Bestsellerautor Emerson Eggerichs ist überzeugt: Auf der Suche nach Gottes Willen findet man in der Bibel eindeutige Antworten. Dieses Buch ist eine wertvolle Orientierungshilfe für ein gelingendes Leben.

Ungewollt Kinderlos: Anna Koppri hat selbst den schweren Weg der ungewollten Kinderlosigkeit hinter sich und weiß, welche Gedanken und Gefühle mit diesem Thema einhergehen. Dieser einfühlsame Ratgeber, in dem verschiedene Paare zu Wort kommen, schenkt Hoffnung und bietet Wege zur positiven Aufarbeitung an.

Anna Koppri • Wir – mit oder ohne Wunschkind • Klappenbroschur
224 Seiten • Nr. 817656
€ 15,– (€ [A] 15,50/CHF 23,10*)
ISBN 978-3-95734-656-8

Wie können wir lernen, Glück im Hier und Jetzt zu finden – trotz unerfüllter Wünsche? Die Autorinnen haben sich psychologisch differenziert und theologisch fundiert der Frage nach unseren (ungestillten) Sehnsüchten gewidmet. Sie geben viele praktische und lebensnahe Tipps, der eigenen Sehnsucht auf die Spur zu kommen.

Pfeifer / Bockel • Folge der Spur deiner Sehnsucht • Gebunden • ca. 192 Seiten
€ 15,– (€ [A] 15,50/CHF 23,10*)
ISBN 978-3-95734-721-3 • Nr. 817721

Ist unser Universum wi
das Resultat eines gigant
Urknalls? Gibt es in entfe
Galaxien andere Lebewese
Ist Darwins Evolutionstheo
heute noch haltbar? Der Jou
nalist Lee Strobel konfrontiert führende Naturwissenschaftler mit harten Fragen und erhält faszinierende Erkenntnisse aus der Physik, Biologie, Chemie, Kosmologie und Astronomie.

Lee Strobel • Indizien für einen Schöpfer • Gebunden • 448 Seiten
€ 18,– (€ [A] 18,50/CHF 27,70*)
ISBN 978-3-95734-700-8
Nr. 817700

Egal, ob jemand neu im Glauben ist oder ein alter Hase: In diesem Buch erfährt der Leser, wie die nächsten Schritte auf der persönlichen geistlichen Reise aussehen. Alltagsnah hilft Hodges dabei, Gott besser kennenzulernen, Freiheit zu finden, dem Sinn des Lebens auf die Spur zu kommen und die Welt positiv zu verändern.

Chris Hodges • Und jetzt?
Klappenbroschur • ca. 240 Seiten
€ 16,– (€ [A] 16,50/CHF 24,60*)
ISBN 978-3-95734-734-3 • Nr. 817734

Gleichzeitig merke ich, wie herausfordernd es ist, ohne Pause für einen anderen Menschen verantwortlich zu sein, der vollkommen abhängig von mir ist. Alles, was ich in der Zeit, in der der Kinderwunsch die größte Kraft in meinem Leben war, ausgeblendet habe, fordert nun seinen Platz ein. Früher wollte ich immer viele Kinder haben, jetzt merke ich, dass ich als introvertierte, hochsensible Frau schon mit einem Kind an meine Grenzen komme.

Es ist viel schwieriger, mir Zeiten zum Alleinsein, Abschalten und Auftanken einzuräumen. Dennoch beschließen wir, dass es schön wäre, wenn unser Sohn ein Geschwisterchen bekommt, zumal er der geselligste in unserer kleinen Familie ist. Diesmal ist es viel einfacher zu warten. Ich habe gerade begonnen, meine neu gewonnene Unabhängigkeit nach einer langen, intensiven Stillzeit zu genießen, und bin froh über jeden Monat, in dem ich abends ausgehen und auch mal ein Glas Wein genießen kann.

April 2019: Ein Geschwisterchen?

Ich liege in der Sonne, eine Hand auf dem Bauch. Mir ist, als würde mir eine kleine Stimme zuflüstern: „Ich bin hier, mache es mir gerade bei dir gemütlich.“ Versonnen, dieses süße Geheimnis erahnend, warte ich, bis ein Test schließlich Gewissheit bringt. Ein paar Tage genieße ich den Zauber ganz allein. An seinem Geburtstag überrasche ich Fabian mit einer kleinen Schatztruhe, in der eine Perle und ein Zettelchen liegen, auf dem steht: „So groß ist Antonins Geschwisterchen jetzt.“

Die Freude ist groß, doch wenige Tage später habe ich auf einmal eine Eingebung: *Es ist niemand mehr da.* Ich dränge den

Gedanken beiseite, doch auch die Frauenärztin kann bei der Untersuchung nur eine viel zu kleine Fruchthülle finden. Wieder einmal hat mir eine kleine Seele nur einen kurzen Besuch abgestattet, um sich schon bald erneut zu verabschieden.

Ich begreife das nicht, der Schmerz und die Ängste von damals erwachen wieder. Ich fühle mich leer und hilflos ausgeliefert, einem Körper, dem ich das Vertrauen kündige, jemals ohne medizinische Hilfe in der Lage zu sein, ein Kind in sich heranwachsen zu lassen. Trost finde ich in dem Gedanken, dass mein Schmerz nur ein winziger Teil ist von dem großen Weltschmerz und dem Schmerz Gottes über all das, was nicht seinen wunderbaren Plänen folgt.

In diesem Augenblick darf ich ein winziges Teilchen davon spüren, mittragen, fühle mich eingebettet in etwas Größeres. Ein Wunsch von damals, als ich noch nicht wusste, ob mich jemals ein Kind „Mama" nennen wird, kommt an die Oberfläche. Ich möchte ein Buch schreiben für all die Menschen, die dieses Sehnen, Hoffen und Verzweifeln kennen und sich vielleicht damit alleine herumschlagen – deshalb reiche ich ein Exposé beim Verlag ein.

Mai bis August 2019: Achterbahnfahrt

„Können Sie mir bitte das Hormon verschreiben, das ich bei der Schwangerschaft mit meinem Sohn genommen habe. Ich spüre heute deutlich meinen Eisprung und habe aus Unbedachtheit nicht verhütet."

Gynäkologe: „Frau Koppri, es kann gar nicht sein, dass Sie schon wieder einen Eisprung haben. Nach so einem Abgang dauert es einige Wochen, bis sich der Körper wieder in seinen normalen Rhythmus einfindet."

Ich lasse mich abwimmeln. Eigentlich bin ich nur dort, weil geschaut werden soll, ob mein Körper ohne operativen Eingriff die letzte Schwangerschaft vollständig losgelassen hat. Der Arzt und ich wundern uns über eine hoch aufgebaute Schleimhaut im Ultraschall, die normalerweise nur bei einer Schwangerschaft zu sehen ist und in meiner Situation eigentlich gar nicht sein kann. Ich bin irritiert, warte aber das Blutergebnis ab.

Ein paar Tage später verkündet mir mein Arzt: „Alles ist draußen, Ihr Hormonwert ist wieder bei Null." Also mache ich mir keine großen Gedanken mehr um Schleimhaut und Eisprung. Natürlich bin ich noch ab und zu von Traurigkeit eingenebelt. Auch mein Körper spielt ein bisschen verrückt, als habe er die Schwangerschaft doch noch nicht ganz losgelassen.

Eine leise Ahnung schiebe ich deshalb in den nächsten Tagen beiseite und mache auch nicht sofort einen Test, als meine Tage ausbleiben. Der Doktor meinte ja, es könne ein paar Wochen dauern. Schließlich halte ich es nicht mehr aus und mache doch einen Test: Positiv!

Jetzt entwickle ich eine neue Strategie, sage mir: *Ich lasse das einfach gar nicht richtig an mich ran, tue so, als wäre nichts, dann bin ich auch nicht so traurig, wenn nichts daraus wird.* Nach dem Wochenende gehe ich dennoch die Treppe zum Gynäkologen hoch – ich will wenigstens alles tun, was in meiner Macht steht, und dieses Utrogest-Hormon einnehmen, das vielleicht bei meinem Sohn die Einnistung gefördert hat.

Auf der Treppe überwältigen mich meine Gefühle völlig. Ich breche in Tränen aus und kann nicht mehr aufhören zu weinen.

Schnell gehe ich wieder runter, setze die Sonnenbrille auf und lenke mich ab. Als ich mich halbwegs gefangen habe, gehe ich die paar Schritte zur Arztpraxis zurück, mit demselben Ergebnis. Ich breche unkontrolliert in Tränen aus, habe eine Scheißangst, dass es wieder schiefgeht und ich schuld bin, weil ich diesem superschlauen Arzt das Rezept nicht rechtzeitig entlocken konnte.

Ich rufe eine gute Freundin an, die zufällig gerade in der Bahn sitzt und fünf Minuten später bei mir ist. Weinend berichte ich ihr von dem ganzen Drama, dass ich diese Praxis einfach nicht mehr betreten, diesem Arzt nicht in die Augen sehen kann. Schließlich gehen wir gemeinsam hin und sie unterbricht den Arzt, als er beginnt, mir einen Vortrag über Verhütung zu halten. Man müsse seinem Körper nach so einem Abgang doch erst mal eine Pause gönnen.

Dann will er einen Ultraschall machen, und es ist tatsächlich ein kleiner Fruchtsack zu sehen. Vielleicht ein bisschen zu klein, aber er versucht mich zu beschwichtigen: die Befruchtung könne ja auch ein paar Tage später stattgefunden haben. Ich finde das nicht sehr beruhigend, zumal ich mir ja sicher war, den Eisprung deutlich gespürt zu haben. Also wieder eine Woche des Bangens, bis zum nächsten Termin, an dem festgestellt werden soll, ob sich die Schwangerschaft gesund weiterentwickelt hat.

Aber auch dieser und der nächste Termin, ein paar Tage später, bringen mich nicht zur Ruhe. Das, was im Ultraschall zu sehen ist, ist immer ein paar Tage zu klein.

„Seien Sie mal zuversichtlich", sagt der Arzt.

Klar, das versuche ich, mit aller mir zur Verfügung stehenden Kraft. Ich hoffe, ich bete, ich bange, und irgendwo ganz tief in mir ist ein unerklärlicher Friede, der mich trägt. Ein Friede, der über meine Vernunft hinausgeht. In dieser Zeit suche ich mir eine neue Gynäkologin, denn ich kann diese Praxis einfach nicht mehr ohne einen Gefühlscocktail, der mich innerlich überwältigt, betreten.

Vor dem ersten Termin bei der neuen Ärztin wird mir dennoch wie üblich schlecht, ich zittere und habe Schweißausbrüche. Sie ist toll, behandelt mich nicht wie ein Dummerchen, sondern auf Augenhöhe. Doch der Ultraschall lässt auch sie zögern, mir zu sagen, es sei alles in Ordnung. Der Embryo habe sich weiterentwickelt, er sei jedoch vom letzten bis zu diesem Ultraschall nicht genug gewachsen und fast eine Woche zu klein. Doch da sie den letzten Ultraschall nicht gemacht habe, wolle sie noch nichts Endgültiges sagen, sondern es sich in zwei Wochen nochmals ansehen. Zudem habe sie schon Kinder rumlaufen sehen, die es aus medizinischer Sicht eigentlich gar nicht hätte geben können.

Gedanken

Da ist ein kleines Wesen mit einem schlagenden Herzen in mir. Doch es ist zu klein. Werde ich es je kennenlernen? Jeden Tag, den es noch bleibt, kann ich es lieben, ihm Wärme geben, es betören zu wachsen. Wird es mich wieder verlassen, viel zu früh, genau wie seine drei Geschwister?

In Psalm 139,13ff (Schlachter 2000) heißt es: „Denn du hast meine Nieren gebildet; du hast mich gewoben im Schoß meiner Mutter. (…) Deine Augen sahen mich schon als ungeformten Keim, und in dein Buch waren geschrieben alle Tage, die noch werden sollten, als noch keiner von ihnen war."

Gott, warum nur so wenige Tage? Ich verstehe das nicht, begreife nicht, wozu Leben entsteht, das nicht lebensfähig ist! Eine Laune der Natur, ein unvollkommener Körper, der nicht genug nähren kann, ein Arzt, der die falsche Entscheidung traf? Ich weiß es nicht, kann nur heulen und loslassen und festhalten und lieben und bangen und noch ein kleines bisschen hoffen – mit einer riesigen Angst, noch einmal zusammenzubrechen, wenn sich der Verlust mit unbarmherziger Gewissheit seinen Weg bahnt. Ich möchte trotzdem dankbar sein, für die Zeit, die dieses kostbare Geheimnis in mir wächst. Die Hoffnung stirbt zuletzt!

* * *

Mein Mann und ich beschließen, die Nachricht nicht für uns zu behalten, sondern engen Freunden und der Familie Bescheid zu geben, damit sie für eine gesunde Entwicklung – für ein Wunder – beten können. Ich bete auch, sicher zehnmal am Tag, doch von Herzen glauben kann ich nicht. Ich will an Wunder glauben, doch die medizinischen Gegebenheiten und meine vergangenen Erfahrungen halten meine Hoffnung klein, scheinen die Größe meines Gottes irgendwie auszuhebeln.

Ich bin froh, dass andere mehr Glauben haben, den sie mir in diesen Tagen leihen. Fast bin ich ein bisschen erleichtert, dass ich jetzt erst mal zur Ruhe kommen und mich nicht gleich nach ein paar Tagen schon wieder durch eine Ultraschalluntersuchung aus der Bahn werfen lassen muss.

Ein paar Tage vor dem nächsten Arzttermin

Mein Kindlein, heute ist es besonders schwer für mich zu ertragen, dass ich keinen Einfluss darauf nehmen kann, ob dein winziges Herz weiterschlägt. Ich bin müde, habe wenig Kraft, könnte immer nur schlafen. Ich möchte an einen guten Gott glauben, der mich umhüllt und alles in seiner Hand hat. Er lässt doch alles so wunderbar wachsen, warum nicht auch meine Kinder? Dich?

Ich stelle mir vor, wie es ist, wenn am Freitag dein Herzschlag nicht mehr zu sehen ist oder – was noch schlimmer wäre – du zwar lebst, aber mir keine Hoffnung auf eine gesunde Entwicklung gemacht werden kann. Wie erträgt man das Unerträgliche?

Ich möchte so gern glauben, dass alles gut wird und wir dich kennenlernen, dass der Gott, der Tote zum Leben erweckt, auch dir alles Nötige gibt, um zu gedeihen. Warum ist mein Glaube so winzig? Noch winziger als dein Herz!

Mein Leben geht weiter, zieht an mir vorbei wie durch einen Schleier. Die Tage rieseln durch meine Finger, ohne dass ich so richtig anwesend bin. Mit meinen Gedanken bin ich viel bei dir. Ich funktioniere einfach und bin so dankbar für deinen großen Bruder – das größte Wunder meines Lebens!

Oh Wunder

Dann ist der Termin da. Zittrig betrete ich mit meinem Mann die Praxis. Noch vor dem Ultraschall besprechen wir mit der Ärztin, dass ich im Fall eines Verlustes keinen Eingriff möchte und lasse mir die Vor- und Nachteile einer genetischen Untersuchung des

Embryos darlegen. Wir beschließen, dass es uns keinen Gewinn bringen würde, zu wissen, dass wir Kinder mit einem genetischen Defekt zeugen können. Da wäre ich bei einer weiteren Schwangerschaft nur noch besorgter.

Schließlich der Ultraschall. Die Ärztin sucht und wird immer nervöser: Kein Herzschlag ist zu finden. Sie seufzt, will gerade zu tröstenden Worten ausholen und da auf einmal: *Doch ein Herzschlag!* Sie beginnt alles ganz genau zu untersuchen und zu messen, bis schließlich die erlösenden Worte kommen: „Es ist alles wunderbar und zeitgemäß entwickelt!"

Ich kann es kaum fassen, breche sofort in Tränen aus und schmeiße mich in die Arme meines Mannes. *Ein Wunder! Das muss ein Wunder sein!* Ich bin so überwältigt und dankbar und demütig ob meines geringen Glaubens.

Jetzt kann ich an dieses Kind glauben, den Gedanken zulassen, dass unser Sohn im nächsten Februar ein Geschwisterchen bekommen wird. Es ist unglaublich. Endlich komme ich zur Ruhe, funktioniere wieder normal, freue mich sogar, wenn mir übel ist und ich schlecht schlafe. Unser Kind ist gewachsen und hat aufgeholt, alles ist in Ordnung, es wird durchkommen!

Einige Wochen später ist es sogar größer als erwartet. Ich verstehe zwar nicht, warum wir durch diese furchtbaren ersten Wochen mussten, doch damit zeigt Gott jetzt wirklich Humor. Die Ärztin weiß mich zu beruhigen: „Nein, es ist nicht bedenklich, wenn das Kind ein bisschen größer ist als die Norm."

Ein paar Tage danach erhalte ich Bescheid vom Verlag. Mein Exposé zu diesem Buch wurde angenommen. Wie wunderbar, dass ich damit wieder einmal erleben darf, dass Gott meine schwersten Erfahrungen in etwas Gutes verwandeln kann. Ich darf meine und die Geschichten anderer Paare weitergeben und hoffentlich viele Paare in ähnlichen Situationen begleiten und ermutigen.

Rückblick

In der Zeit des größten Bangens um dieses Kind erzählte mir eine Bekannte, dass sie schwanger ist und ihr Kind in dem Monat geboren werden soll, wie dasjenige, das ich gerade erst verloren hatte. Da ich mich noch fest im Griff der Angst befand, auch die aktuelle Schwangerschaft wieder zu verlieren, fühlte ich mich von der Nachricht wie vor den Kopf gestoßen. Ich wusste nicht, wie ich reagieren sollte, war wie gelähmt und reagierte irgendwie gar nicht. Angst schlich in meine Gedanken: *Ich werde ihren Bauch wachsen sehen und denken, dass meiner gerade genauso dick sein sollte.*

Nach der guten Nachricht, dass sich mein Kind doch gesund entwickelt hat, spreche ich sie darauf an und erkläre mich. Sie zeigt Verständnis und dann der Schock: Sie hat ihr Kind in der zwölften Woche verloren! Jetzt bin ich wieder sprachlos. Mein Kind darf leben und ihres musste wieder gehen?

Sie erzählt, dass sie es auf natürlichem Wege auf die Welt gebracht hat, von der schweren Zeit des Abschieds und dass sie das Kleine, das bereits einige Zentimeter groß war, auf einem Friedhof für Sternenkinder begraben haben. Puh, jetzt muss sie mit dem Wachsen meines Bauches und nicht ich mit dem ihren zurechtkommen. Das ist krass und ich begreife von neuem nicht, weshalb so etwas passiert.

* * *

Rückblickend kann ich sagen, dass es nicht gesund war, mich in den ersten Jahren so sehr von meinem Kinderwunsch einnehmen zu lassen, sodass ich mich schließlich nur noch über meinen gefühlten Mangel definiert habe. Doch was hätte ich tun können? Alle gut gemeinten Ratschläge von Außenstehenden haben sich in dieser Zeit nur wie Schläge angefühlt: „Du musst dich entspannen und versuchen loszulassen. Fahrt doch mal in den Urlaub, dann klappt es bestimmt. Bei anderen hat es noch viel länger gedauert. Man kann auch ohne Kinder glücklich leben …"

Mir hätte es sicher gut getan, mich therapeutisch oder seelsorgerlich begleiten zu lassen oder mir eine Gruppe Gleichgesinnter zu suchen. Meinen Kinderwunsch als einen Teil von mir einzuordnen, der seinen Platz und seine Berechtigung, jedoch nicht das Recht hat, so stark mein ganzes Leben und Wohlbefinden zu bestimmen. Deshalb wünsche ich jedem Paar, das sich noch auf dieser Reise befindet so sehr, dass sie die Kraft aufbringen, ihren Blick nicht alleine auf den Mangel, sondern auf die Fülle in ihrem Leben zu richten.

Conni und Daniel

Wir haben uns für medizinische Hilfe entschieden

Conni und Daniel kenne ich von einem christlichen Gemeinschaftsprojekt, das sie leiten. Beide sind Ende dreißig, sehr besonnen, ruhig, reflektiert, im Glauben weitsichtig und anderen Menschen gegenüber zugewandt. Ihre Geschichte erzählen sie mir mitten in einer brisanten Phase ihres Kinderwunsches.

Weg zu zweit

Schon mit Mitte zwanzig setzt Conni sich trotz eines starken Wunsches nach Partnerschaft und Familie mit einer Zukunft als Single auseinander. Gerade als sie Frieden über beide möglichen Wege findet, taucht Daniel auf. Für die beiden besteht von Anfang an kein Zweifel, dass Gott sie zusammengeführt hat, was sie nach eineinhalb Beziehungsjahren vor dem Traualtar bestätigen. Auch Kinder wünschen sich die frisch Vermählten.

Conni: „Ich wollte immer vier Kinder haben. Durch meine zehn Jahre jüngere Schwester war ich schon früh mit in der Mutterrolle drin. Daniel war mit 14 Jahren bereits Patenonkel und hatte auch immer schon einen super Draht zu Kindern."

Nach einem Jahr Zweisamkeit in der Ehe beschließen sie 2011, nicht mehr zu verhüten. Conni ist Anfang dreißig. Dass es vielleicht keine vier Kinder mehr werden könnten, ist ihnen bewusst. Zuerst einmal gehen sie ganz entspannt an die Sache heran. Der steinige Weg, der vor ihnen liegt, ist noch verborgen, sodass sie sich auch nach mehreren Monaten vergeblicher Bemühungen keine großen Gedanken machen.

Tagebuch Conni, Oktober 2011

„Gott, ich möchte darauf vertrauen, dass du den Wunsch nach Kindern und Familie in mich gelegt hast, damit er sich irgendwann erfüllt. Wie und wann genau, das weißt nur du. Schenke mir das Vertrauen, dass du auch in dieser Frage einen guten Plan für uns hast."

* * *

Erst als ihre Gynäkologin ihr nach einigen weiteren Monaten dazu rät, lässt Conni sich medizinisch durchchecken, mit dem Ergebnis, dass einer Schwangerschaft ihrerseits nichts im Wege steht. Auch weiterhin gelingt es Conni und Daniel, ohne viel Druck ihren Kinderwunsch zu verfolgen.

Tagebuch Conni, Oktober 2012

Ich hab so viel Lust auf was Neues! So gerne hätte ich jetzt auch Kinder, eine eigene Familie. Ich glaube, Daniel und ich hätten auch so viel Spaß daran, mit unseren Kindern unterwegs zu sein, ihnen die Welt zu erklären oder uns unsere Welt von ihnen in Frage stellen zu lassen. Ich bin so gespannt darauf, was Gott mit uns vor hat, wann/ob/wie er uns ein Kind/Kinder schenken wird.

Eigentlich will ich mir darüber keine Sorgen (mehr) machen. Trotzdem kriege ich manchmal Angst, dass wir ohne Kinder bleiben könnten.

Ich bekomme Angst, dass diese Vorstellung, dieser Lebensplan „irgendwann mal selbst Kinder zu haben" zerstört werden könnte. Ich will weiter daran glauben, dass ich „ganz normal" Kinder kriegen kann. Gleichzeitig will ich auch darauf eingestellt sein beziehungsweise damit Frieden haben, dass wir eventuell keine Kinder bekommen können. Aber mit dieser Ungewissheit zu leben, das finde ich im Moment total schwer …

* * *

Zwei Jahre nach Beginn ihres aktiven Kinderwunsches steht erst einmal ein Umzug nach Berlin an. Voll und ganz stürzen sie sich in den Aufbau eines Gemeinschaftsprojektes für eine kirchliche Organisation. Ihr erstes gemeinsames *Baby*, ein Stück Berufung, nimmt Gestalt an. Menschen aus der Nachbarschaft mit unterschiedlichen kulturellen und religiösen Hintergründen können sich hier begegnen, austauschen und Gemeinschaft leben. Conni und Daniel werden Gastgeber, bieten anderen Heimat in der

Großstadt. Für Einzelne, die sich Halt und familiäre Gemeinschaft wünschen, nehmen sie sogar so etwas wie eine Elternrolle ein.

Endlich Klarheit

Erst als sich ihr neues Leben nach einem Jahr langsam eingespielt hat, wenden sie sich wieder aktiv ihrem Kinderwunsch zu. Nun ist Daniel an der Reihe sich untersuchen zu lassen. Er fährt schon mit einer Vorahnung zum Urologen, denn irgendeine Ursache muss das nun schon dreijährige Ausbleiben einer Schwangerschaft ja haben.

Als das Spermiogramm vorliegt, ist er dennoch etwas überwältigt ob der Eindeutigkeit des Ergebnisses: „Wo normalerweise ein paar Millionen Spermien sind, gibt es bei mir vielleicht fünf." Der Arzt erklärt ohne Umschweife, dass rein medizinisch eine Zeugungsunfähigkeit vorliegt und sie nur mithilfe der Reproduktionsmedizin durch eine ICSI (Intracytoplasmic sperm injection) eine Chance haben werden, eigene Kinder zu bekommen.

Bei dieser Methode werden der Frau operativ reife Eizellen entnommen, die vorher durch Hormongaben stimuliert wurden, damit in sie der aufbereitete Samen des Mannes direkt eingespritzt werden kann. Wenn anschließend eine Befruchtung stattfindet und sich die Zellen erfolgreich teilen, werden der Frau nach drei bis fünf Tagen ein bis zwei Embryonen in die Gebärmutter eingesetzt – im Ausnahmefall auch drei. Einerseits ist die Diagnose ernüchternd und niederschmetternd, andererseits gibt es dadurch endlich Klarheit, die dem Paar auch guttut.

Tagebuch Conni, September 2014

Wer weiß, was Gott jetzt mit mir/mit uns als Paar vorhat? Wo ich immer ganz stark das Gefühl hatte, dass gerade von uns als Paar ganz viel Gutes ausgeht. Wenn es jetzt tatsächlich der Fall sein sollte, dass aus unserer Ehe keine Kinder hervorgehen werden – was ist dann unsere Berufung?

Bis jetzt haben wir uns noch gar nicht wirklich Gedanken dazu gemacht, geschweige denn Gefühle zugelassen.

Ich verstehe nicht, warum Gott uns dann so ein großes Herz für Kinder gegeben hat, so viele positive Begegnungen: „Unsere Kinder fühlen sich bei euch so wohl, sie mögen euch so gerne" – so oft hören wir das. Ich verstehe nicht, warum er uns als „Familienmenschen" hat aufwachsen lassen und so viel Familiengefühl mitgegeben hat, ja sogar eine so große ähnliche Prägung, sodass wir in der Kindererziehung nicht viel diskutieren müssten.

Vielleicht wäre es auch unsere Berufung, Kinder zu adoptieren. Damit habe ich mich noch nie auseinandergesetzt…

„Ungewollt kinderlos" – ich fände es so krass, plötzlich in diese Schublade gepresst zu werden. Dieses ganze „Kinderkrieg-Thema" ist mir sowieso schon seit längerem „suspekt". Es wird überall so getan, als hätten wir das vollkommen selbst in der Hand. Anfangs mittels Verhütung, dann mittels Planung. Mit allen Mitteln „krampfhaft" ein Kind „haben" zu wollen, kommt mir unangemessen und egoistisch vor. Man kann doch kein Kind „haben"/„besitzen", man muss es doch geschenkt bekommen. Jeder Tag mit dem/unserem Kind wäre doch ein reines Geschenk.

Ich bleibe bei meiner Einstellung: Wenn Gott uns ein oder sogar mehrere Kinder schenken will, wenn er uns beide ihm/ihnen als

Eltern schenken möchte, dann kann er das tun, und dann will ich ihn auch nicht daran hindern beziehungsweise nicht das, was von unserer Seite dazu beitragen könnte, unterlassen.

Aber ich will auch nicht krampfhaft daran festhalten, sondern fest glauben, dass Gott uns dann auch die Kraft geben wird, diese „Neuausrichtung" unseres Lebens durchzustehen – mit allen Konsequenzen – und dass er uns anderweitig überreich beschenken und zum Geschenk werden lässt für andere Personen, Situationen …

* * *

Die Kinderwunschklinik, in der sie einige Zeit später landen, fühlt sich ein bisschen wie eine Parallelwelt aus einer amerikanischen Serie an. Alles ist super schick, es gibt riesige Aquarien und überall sitzen gut gekleidete Paare in den Wartebereichen. Ob sie hier richtig sind? Ihre anfänglichen Bedenken werden jedoch schnell von einer sehr zugewandten, offenen Ärztin zerstreut, bei der sich die beiden auf Anhieb wohlfühlen. Sie erklärt alles sehr genau und begegnet ihnen auf Augenhöhe.

Schon vor diesem Termin in der Klinik hat das Paar vereinbart, den ganzen Prozess langsam anzugehen, sich gut zu informieren und zu schauen, wie sich jeder Schritt anfühlt, bevor sie weitergehen. Sie wollen sich immer nur mit der nächsten zu treffenden Entscheidung auseinandersetzen. Weder wollen sie sich schon mit einem möglichen übernächsten Schritt belasten noch von vornherein Grenzen festlegen. Auch nehmen sie sich vor, nicht wild im Internet zu recherchieren oder tausend Geschichten anderer zu hören. Sie wollen sich vor allem von den Ärzten aufklären lassen und auf ihr Bauchgefühl hören, um ihren eigenen Weg zu finden.

Die christliche Perspektive auf *künstliche Befruchtung*

Wieder zu Hause angekommen sucht Daniel die Unterlagen seiner Ethikvorlesung aus dem Theologiestudium raus, in der darüber gesprochen wurde, dass die *künstliche Befruchtung* aus christlicher Perspektive umstritten ist. Da in der Regel mehr Eizellen befruchtet als letztlich in die Gebärmutter eingesetzt werden, müssen mitunter im Prozess Embryonen verworfen oder eingefroren werden. *Bedeutet das, dass diejenigen, die sich für diese Methode entscheiden, vorsätzlich Menschenleben töten?* – fragt er sich. Während ihres Entscheidungsprozesses stoßen die beiden auf die Tatsache, dass auch auf dem natürlichen Empfängnisweg immer wieder Eizellen befruchtet werden, sich einzunisten beginnen und doch vorzeitig wieder absterben. Zu diesem frühen Zeitpunkt wird das von den Frauen meist gar nicht bemerkt.

Während sie weiter überlegen, besuchen die beiden eine Paarberatung und lassen sich auch individuell geistlich begleiten, was ihnen für ihren Kinderwunschweg sehr guttut. Auch ihre Eltern und gute Freunde lassen sie an ihrem Weg teilhaben. Beide Elternpaare haben noch keine Enkel und werden darauf mindestens genauso oft angesprochen wie das Paar auf seinen ausbleibenden Nachwuchs.

Für sich persönlich ziehen Conni und Daniel schließlich den Schluss, dass ihnen offensichtlich auf natürlichem Weg eine Schwangerschaft verwehrt bleibt und die *künstliche Befruchtung* somit der einzige Weg ist, wie Gott ihnen ein Kind schenken kann. Die Medizin stellt hierbei für sie eine Möglichkeit dar, die Gott dem Menschen gibt. Für Daniel ist ein wichtiger Punkt, dass es auch bei *künstlicher Befruchtung* keine Garantie auf ein Kind gibt: „Es würde mir schwerer fallen mich darauf einzulassen, wenn es eine 100-prozentige Erfolgswahrscheinlichkeit gäbe. Ich will nicht selbst über Leben verfügen können, sondern die Entscheidung letztlich in Gottes Hand lassen." Das Paar ist aber weiterhin noch genauso offen für Wege ohne eigene Kinder, die Gott sie führen könnte.

Die Ärzte rechnen ihnen eine ganz normale durchschnittliche Schwangerschaftswahrscheinlichkeit von 33 Prozent pro Versuch aus. Dadurch, dass einige Schwangerschaften sich nicht weiterentwickeln, bleibt letztlich die Chance von zirka 25 Prozent pro Versuch, dass sie ein Kind bekommen werden. Da beide eher nüchtern an die Sache herangehen und sich vor Enttäuschung schützen wollen, nehmen sie an, dass sie durch die drei Versuche, auf die sie sich einlassen wollen, im wahrscheinlicheren Fall kein Kind bekommen werden.

Ganz bewusst setzen sie sich auch mit der Frage auseinander, wie ihr Leben ohne Kinder aussehen würde und malen sich ein solches sehr positiv aus: ausschlafen, flexibel sein, Freiraum für eigene Projekte haben, reisen und ihre Gabe der Elternschaft für andere Menschen leben. Immer wieder begegnen ihnen auch andere Paare, denen keine Kinder geschenkt wurden, mit denen sie sich austauschen.

Daniel wird von den Ärzten geraten, sich operativ Samen aus den Nebenhoden entnehmen zu lassen, da es erfolgsversprechender sei, dort zeugungsfähige Spermien zu finden. Im April 2015 bekommt er schließlich einen Termin für diesen operativen Eingriff beim einzigen darauf spezialisierten Arzt der Stadt. Die OP findet unter Vollnarkose statt und bereitet Daniel auch noch Tage danach Schmerzen. Dadurch haben beide das Gefühl, dass auch Daniel seinen Teil an der Behandlung trägt und nicht Conni alle Eingriffe allein an ihrem Körper vornehmen lassen muss. Das schafft einen gewissen Ausgleich.

Die Samen werden eingefroren, für Transport und Lagerkosten müssen sie zum Großteil selbst aufkommen. Schon vor Beginn der Behandlungen hat das Paar zu einer Krankenkasse gewechselt, die sich nicht nur zu 50 Prozent, sondern zu 100 Prozent an den Kassenleistungen der ersten drei Befruchtungsversuche beteiligt. So entsteht für sie noch ein Eigenanteil von rund 1.000 Euro pro Versuch.

Erster Versuch

Leider verlässt ihre Ärztin noch vor Behandlungsbeginn die Kinderwunschklinik, um sich selbstständig zu machen. Bei ihren Nachfolgerinnen fühlen sich die beiden fachlich auch gut aufgehoben, doch wenn Conni ehrlich ist, merkt sie, dass sie sich bei ihnen nicht ganz so gut fallen lassen kann und weniger auf Augenhöhe behandelt fühlt. Trotzdem entscheiden sich die beiden, in der Klinik zu bleiben, weil sie dort schon so viele vorbereitende Schritte und Gespräche durchlaufen haben. Da für sie Daniels OP erst einmal den unangenehmsten Schritt darstellte, haben sie sich wenig Gedanken über mögliche Nebenwirkungen der Behandlungen und Hormoneinnahmen für Conni gemacht.

Im Frühsommer 2015 steht schließlich der erste Behandlungszyklus an. Mit leichter Anspannung und einer Tüte voll Medikamente machen sie sich auf den Weg zu einem Eheseminar, das zufällig im selben Zeitraum stattfindet. Just setzt Connis Periode direkt am ersten Seminartag ein, sodass sich das Paar abends ganz aufgeregt und auch ein bisschen feierlich in sein Zimmer zurückzieht, um die erste Hormongabe zur Stimulation der Follikelbildung zu spritzen.

Da sie so mit diesem ersten Versuch beschäftigt sind, können sie sich anfangs schwer auf das Seminar und die Gruppe einlassen. Zu allem Überfluss fällt Conni am nächsten Tag siedend heiß ein, dass sie nicht am ersten, sondern erst am zweiten Tag ihres Zyklusses die erste Spritze hätte setzen sollen. Natürlich ist gerade Wochenende und in der Klinik ist niemand da.

Sie erreicht schließlich ganz verunsichert eine alte Schulfreundin, die Gynäkologin ist, und die ihr zusichert, dass der Tag früher kein Problem sein sollte. Trotzdem macht Conni sich psychisch großen Druck, dass der ganze Behandlungserfolg davon abhängt, ob sie alles richtig macht. Sie hat unterschätzt, wie sehr sie gedanklich mit dem Thema beschäftigt sein würde, und nimmt sich vor, für einen weiteren Versuch einen Zeitraum zu wählen, in dem sie parallel keine anderen Pläne haben.

Nach zehn Tagen Hormonspritzen, die Conni super verträgt, findet unter Vollnarkose die Eizellenentnahme statt. Sie ist zwar ein wenig aufgeregt, empfindet jedoch auch diesen Eingriff nicht als besonders belastend und ist froh, dass genug Zellen herangereift sind. Hinterher spürt sie nur ein leichtes Ziehen im Unterleib und hat ansonsten keine nennenswerten Beschwerden.

Nun sind sie gespannt, ob sich genug agile Spermien für die Befruchtung finden lassen. Ironischerweise ist die Qualität der frischen Spermien, die Daniel zusätzlich abgibt, besser, als die der eingefrorenen. Die Ärzte sind sehr zufrieden mit den Ergebnissen, sodass sich die beiden wenige Tage später erneut in der Klinik einfinden, um Conni die herangereiften Embryonen einsetzen zu lassen. Es tut dem Paar gut, fast jeden Termin gemeinsam wahrzunehmen, auch wenn Conni meist diejenige ist, die behandelt wird.

Die beiden sitzen im OP-Raum und erleben per Liveübertragung auf einem Bildschirm, wie im Labor eine befruchtete Eizelle mit einer Pipette aufgesaugt wird. Die Zellen haben sich bereits ein paar Mal geteilt. Begleitet wird der Prozess durch die Ansage der Biologin, dass dies „der Achtzeller von Herrn und Frau S.*" sei, was dem Paar eine Gänsehaut beschert. Das ist der Embryo, der sich vielleicht in ihrer Gebärmutter einnisten und zu dem erwünschten Kind heranwachsen wird.

Durch ein Türchen wird die Pipette aus dem Labor gereicht und dann wiederholt sich der Prozess, denn es haben sich ganz eindeutig nur zwei der befruchteten Eizellen so weit geteilt, dass sie in die Gebärmutter eingesetzt werden können. Dadurch müssen die beiden keine weiteren Embryonen verwerfen oder sich zwischen mehreren entscheiden.

Nach dem Einsetzen fahren sie nach Hause, zum ersten Mal mit dem feierlichen Gefühl, dass nun ein Kind in Conni entstehen könnte, vielleicht sogar Zwillinge. Sie erleben, wie lang zwei Wochen sich anfühlen können und werden schon vor dem Bluttest in der Klinik damit konfrontiert, dass Connis Periode einsetzt. Die Hoffnung auf eine Schwangerschaft schrumpft auf einen winzigen letzten Rest zusammen. Ihnen wurde gesagt, dass eine Blutung nicht unbedingt bedeuten muss, dass keine Schwangerschaft vorliegt. Doch der Bluttest nimmt schließlich den letzten Funken Hoffnung.

Besonders schwer ist in diesen Tagen für die beiden zu verarbeiten, dass die Frau von Daniels Bruder genau zu diesem Zeitpunkt verkündet, dass sie schwanger sei. Vorher war es für das Paar, trotz des eigenen unerfüllten Kinderwunsches, immer einfach, sich mit befreundeten Paaren und Verwandten über deren Schwangerschaften zu freuen, doch diesmal haben sie daran zu knabbern.

Ein weiterer Versuch, der schon zwei Monate später stattfindet, wird vorzeitig abgebrochen, da nicht ausreichend Eizellen herangereift sind.

Ein dritter Versuch im November, der jedoch erst der zweite kassenfinanzierte ist, verläuft ähnlich wie der erste, nur dass Conni sich durch eine abgewandelte Behandlungsform mit wesentlich längerem Vorlauf sehr in ihrer Freiheit eingeschränkt fühlt.

Kurz nach dieser weiteren Enttäuschung beginnt sie einen neuen Job in der Arbeit mit Geflüchteten und möchte sich in der Probezeit erst einmal darauf konzentrieren. Da für beide noch immer feststeht, dass der folgende Versuch ihr letzter sein wird, entscheiden sie, sich für diesen besonders viel Zeit zu lassen. Außerdem hört Conni schließlich auf ihr Gefühl, und die beiden wechseln in die mittlerweile neu aufgebaute Klinik ihrer ersten Ärztin, bei der sie sich prompt wieder sehr wohlfühlen.

Elternschaft auf eine andere Weise leben?

2015 ist das Jahr, in dem die Flüchtlingsströme nach Deutschland kommen. Einige Geflüchtete docken in dem Gemeinschaftsprojekt von Conni und Daniel an, das dadurch ganz neu belebt wird. Das Paar nimmt in gewisser Weise eine Elternrolle für viele von ihnen ein und fragt sich, ob ihnen vielleicht eigene Kinder verwehrt bleiben, damit sie auf diese Weise Elternschaft leben können.

Anfangs noch mit Händen und Füßen und wenigen englischen Worten fragen die Neuankömmlinge immer wieder, warum die beiden keine Kinder haben. Das Paar versucht deutlich zu machen, dass ihnen bisher keine Kinder geschenkt wurden, verweisen mit dem Finger gen Himmel und öffnen ihre Arme. Die Geflüchteten reagieren sehr rührend und liebevoll und beteuern, mit ihnen für ein Kind zu beten. Die meisten von ihnen sind Muslime. Auch Conni und Daniel beginnen Gott immer intensiver in ihren Kinderwunsch einzubeziehen und bitten Freunde und Verwandte um Gebet. Dadurch fühlen sie sich geistlich getragen.

Conni: „Ich habe mich auch immer mehr mit dem Thema Meditation beschäftigt und eine kontemplative Haltung eingenommen, wodurch alles ein bisschen mehr integriert und ein gemeinsamer Prozess mit Gott wurde: Wir sind offen und Gott wirkt."

Auf Anraten ihrer Paarberaterin wollen die beiden sich vor ihrem nächsten Versuch nicht möglichst nüchtern vor einer Enttäuschung schützen, sondern malen sich ganz bewusst ein Leben zu dritt aus. Sie einigen sich sogar schon auf einen Jungen- und einen Mädchennamen für ihr Wunschkind.

Tagebuch Conni, Juni 2016 im Türkeiurlaub

„Du stellst meine Füße auf weiten Raum." Genau das ist rückblickend die Erfahrung und Entwicklung der letzten zweieinhalb Jahre. „Leben in Fülle, gute Pläne, Pläne des Heils." Gerade die letzten Monate waren so wichtig für die „Ausweitung", für das „Ausgießen" in Fülle, für die Intensivierung der Kontakte und Vergrößerung

unseres Beziehungsnetzwerks und für das Ausleben unserer Berufung. Es wäre so schön, wenn sich die vielen Leute mit uns über ein Kind freuen – und über Gott staunen könnten.

Gott, Schöpfer, Quelle und Liebe, dir ist das möglich! Ich weiß nicht, ob es tatsächlich „dran" ist für uns. Es fühlt sich jetzt so an, so stimmig.

Ich merke, ich bin weiterhin wirklich für beide Varianten – Kinderkriegen oder nicht – offen.

Mein Gefühl, meine Hoffnung ist aber trotzdem, dass du ein Wunder an uns tun wirst.

* * *

Nach ihrem erholsamen Paarurlaub wagen sie sich im September 2016, fünf Jahre nach Beginn ihrer Kinderwunschzeit, an ihren letzten Versuch. Ihr Leben läuft zu diesem Zeitpunkt sehr gut. Conni fühlt sich in ihrem Job wohl, das Gemeinschaftsprojekt floriert, sodass sie sich auch gut vorstellen können, ihren Weg ohne eigene Kinder weiterzugehen. Trotzdem sind sie natürlich aufgeregt, weil sich in den kommenden Wochen entscheiden wird, ob sie ein eigenes Kind bekommen werden oder nicht. Ihre Beziehung wurde durch den langen, gemeinsam zurückgelegten Kinderwunschweg vertieft. Nie hat einer von ihnen infrage gestellt, dass sie zusammengehören. Sollte Gott ihnen auch diesmal kein Kind schenken, so sind sie sich sicher, dass er für sie einen anderen Weg bereithält, der sie auch erfüllen wird.

Die Überraschung

Zum ersten Mal betritt Conni die Kinderwunschklinik zum Bluttest, bevor ihre Periode eingesetzt hat. Zu hoffen wagen die beiden trotzdem kaum. Mittags erwarten sie den Anruf der Klinik und verabreden sich, mitten zwischen beruflichen Terminen, in einem entlegenen Restaurant zum Mittagessen.

Als nach dem Essen zur vereinbarten Zeit noch immer kein Anruf vom Labor eingegangen ist, wählt Conni etwas zittrig die Nummer der Klinik: „Frau S., einen Moment bitte, ja, der Bluttest ist positiv. Herzlichen Glückwunsch. Sie können in zwei Wochen zur Ultraschalluntersuchung kommen."

Conni wird sofort von Tränen überwältigt. Die beiden können es noch nicht fassen, Conni ist tatsächlich schwanger!

Conni: „Ich war gerade noch 36, als ich schwanger wurde. Mit meiner Schwangerschaft durften wir am eigenen Leib erleben: Gott kann wirklich Leben schaffen!" Darüber sind die beiden sehr ehrfürchtig. Beim Gedanken daran kommen ihnen die Tränen: „Dieses Kind wurde interreligiös erbetet!"

Tagebuch Conni, Dezember 2016

Ich bin im vierten Monat schwanger! Es ist einerseits immer noch recht unvorstellbar und weit weg, dass da wirklich ein Mensch in mir entstanden und am Wachsen ist. Gleichzeitig ist es jetzt auch schon fast wieder „normal", ich hab mich an den Gedanken schon so gewöhnt und es „geschieht" auch alles weitere einfach so an mir.

Echt Wahnsinn, womit Gott uns da in diesem Jahr beschenkt hat! Er hat unseren Wunsch gehört und unsere Bitten – und die vieler anderer Leute – erhört.

* * *

Die werdende Mutter genießt ihre komplikationslose Schwangerschaft und im Sommer 2017 halten die beiden einen gesunden Sohn in den Armen. Wegen einer schwierigen Geburt darf Conni drei Wochen lang nicht aufstehen. Dennoch erlebt sie, dass sie, trotz ihrer Hilflosigkeit und dem Angewiesensein auf andere, ihr Kind nähren kann.

Der Kleine wächst heran und ist seinen Altersgenossen häufig in der Entwicklung einen Schritt voraus. Conni und Daniel sind überwältigt, dass sie trotz der schwierigen Ausgangsvoraussetzungen so ein tolles Kind bekommen haben. Sie sind glückliche, entspannte Eltern. Ihr Sohn hat zu beiden eine sehr intensive Beziehung. Als hochsensible Mutter merkt Conni jedoch auch, dass sie häufig an ihre Belastungsgrenzen kommt, da ihr das Leben mit Baby wenig Pausen ermöglicht.

Können wir uns ein zweites Kind vorstellen?

Die Hochsensibilität beziehen sie einige Monate später auch in ihre Überlegungen mit ein, ob sie einen weiteren Anlauf für ein Geschwisterchen wagen sollen. Für ein zweites Kind würde die Krankenkasse wieder drei Versuche mitfinanzieren, allerdings nur bis zum vierzigsten Geburtstag der Frau. In dem Jahr, in dem ihr

Sohn zwei wird, steht im November Connis Vierzigster an. Ihnen bleibt also nicht viel Zeit. Deshalb beschließen die beiden, wie schon beim ersten Mal, Gott noch einmal die Möglichkeit zu geben, ihnen ein Kind zu schenken.

Der erste Versuch fällt in eine Zeit, in der Conni wieder zu arbeiten beginnt und die Familie dauerkrank ist. Dass sich keine Schwangerschaft einstellt, ist deshalb für das Paar keine Überraschung und geht im *Alltags-Überlebenskampf* fast unter. Bei einem weiteren Versuch, ein knappes halbes Jahr später, können zwar genügend Eizellen mit Samen zusammengebracht werden, diese entwickeln sich jedoch nicht zu Embryonen. Deshalb wird auch dieser zweite Versuch vorzeitig abgebrochen.

„Wahrscheinlich hat die Spermien- und Eizellenqualität in den vergangenen zweieinhalb Jahren, seit dem letzten Versuch, noch weiter abgenommen," mutmaßen die beiden. Deshalb beschäftigen sie sich nun ernsthaft damit, ob sie es bei diesen Versuchen bewenden lassen und endgültig mit dem Thema Kinderwunsch abschließen sollen. Sie konnten sich eigentlich nie ein Einzelkind vorstellen, wollen sich nun aber intensiv mit diesem Weg auseinandersetzen.

Sie sprechen mit anderen Paaren, die nur ein Kind haben oder erwachsenen Freunden, die selbst Einzelkinder sind. Beide Wege, mit einem oder mit zwei Kindern, werden dadurch vorstellbar. Deshalb besuchen sie erneut ihre Paarberaterin und thematisieren auch ihre Angst, nicht genug Kapazitäten für besonders herausfordernde Situationen wie Zwillinge oder ein Kind mit Behinderung, zu haben.

Letztlich ausschlaggebend für ihre Entscheidung zu einem dritten Versuch ist, dass sie selbst nicht einschätzen können, welcher

Weg für sie als Familie der bessere ist, und sie deshalb diese Entscheidung erneut in Gottes Hände legen wollen. Außerdem regt sie die Beraterin dazu an, auch die Wünsche ihres Sohnes mit einzubeziehen. Und der, da sind sich beide einig, wäre ein sehr glücklicher und stolzer großer Bruder!

Der letzte Versuch findet einige Wochen nach unserem Gespräch für dieses Buch statt. Obwohl genug reife Eizellen mit genug intakten Spermien befruchtet werden können, entwickelt sich keine der Eizellen zu einem Embryo. Für das Labor sind das *nicht erklärbare Faktoren*, für Conni und Daniel *Gottes Handschrift*. Die Nachricht erhalten die beiden an Connis 40. Geburtstag. Sie sind froh, damit dieses Kapitel ihrer Familiengeschichte im Frieden abschließen zu können und umso dankbarer für ihren Sohn.

Ihre letzten Jahre waren sehr stark geprägt vom Kinderwunschthema und nun freuen sie sich auf ganz neue Wege und Herausforderungen als vollständige Familie zu dritt.

Hilfreiche Reaktionen von Dritten

Das Gefühlsleben in der Zeit des unerfüllten Kinderwunsches kann höchstens annähernd verstehen, wer sich in einer ähnlichen Lage befindet. Daher hatten auch Conni und Daniel immer wieder mit unsensiblen Kommentaren und ungebetenen Ratschlägen oder gut gemeinten Erfolgsgeschichten zu tun. Am meisten fühlten sie sich getragen und verstanden, wenn Menschen ihnen ohne vorschnelle Vorschläge einfach zuhörten.

Auch dass Freunde den Wunsch im Gebet mittrugen und sich trauten, nach einiger Zeit nachzufragen, stärkte sie. Ihnen war es immer lieber, wenn ihre Gesprächspartner offen mit dem Thema umgegangen sind und auch Nachfragen zu medizinischen Details stellten, anstatt eigenmächtig im Internet zu recherchieren.

Einmal gab ihnen jemand einen *Eindruck von Gott* weiter, der sich letztlich nicht bewahrheitet hat. Deshalb sehen sie es als fraglich an, wie hilfreich so etwas in einer derart fragilen Lage ist. Auf jeden Fall erleben die beiden immer wieder, dass auch andere sich öffnen, wenn sie offen mit ihrem Thema umgehen.

* Die Auszüge aus Connis Tagebuch wurden gekürzt und leicht angepasst.

Marion

Mein Glück hängt nicht von eigenen Kindern ab

Marion ist eine gute Freundin meiner Mutter, viele Jahre haben sie gemeinsam eine Mutter-Kind-Gruppe in der Gemeinde geleitet. Ich besuche sie in ihrem stilvoll eingerichteten Reihenhaus in Bremen. Auf dem Regal stehen gerahmte Fotos von ihr und ihrem Mann mit Kindern – ihren Patenkindern. Marion ist Ende fünfzig und erzählt mir offenherzig ihre Geschichte:

Kinder zu haben, war für mich immer eine Sache, die dazugehört. Ein Leben ohne Kinder konnte ich mir gar nicht vorstellen. Mit Anfang zwanzig habe ich das Problem, dass ich immer an den falschen Mann gerate und die Beziehungen scheitern, bevor ein gemeinsamer Kinderwunsch aufkommen kann. Mit 25 platzt mir mitten in der Nacht eine Zyste am Eierstock, weshalb mir in einer Not-OP ein Eierstock entfernt wird. Als ich aus der Narkose erwache und der Arzt zu mir kommt, kann ich erst mal nur heulen. Er nimmt meine Hände und sagt: „Das ist kein Problem, Sie können auch mit einem Eierstock Kinder kriegen." Das beruhigt mich natürlich. Kurz darauf beginne ich mein Studium und habe endlich einen Mann an meiner Seite, der mich nicht herumkommandiert und mit dem ich mir vorstellen kann, nach dem Studium eine Familie zu gründen. Auch er wünscht sich Kinder.

Mit 30, kurz vor meiner letzten mündlichen Prüfung, erleide ich jedoch einen sehr schweren Unfall. Ich breche mir alles, was man sich nur vorstellen kann, womit für mich der Kindertraum endgültig platzt. Noch auf der Intensivstation, auf der ich wochenlang liege und langsam den Glauben daran verliere, je wieder auf die Beine zu kommen, trenne ich mich von meinem Freund. Ich würde es nicht verkraften, einen Mann zu heiraten, der so gerne Kinder haben möchte, die ich ihm aber nicht schenken kann. Es ist schon für mich selbst schlimm genug, verarbeiten zu müssen, dass sich mein Kinderwunsch nie erfüllen wird. Mich zusätzlich für den Schmerz meines Mannes verantwortlich zu fühlen, würde ich nicht schaffen.

Nach dem Krankenhausaufenthalt bin ich gebrochen – seelisch wie körperlich. Ich brauche ein Dreivierteljahr, um halbwegs wieder auf die Beine zu kommen. Ich habe schwere Rückenprobleme und leide ständig unter Schmerzen. Rein körperlich kann ich mir nicht vorstellen, ein Kind auszutragen und zu versorgen.

Drei Jahre später heirate ich Frank. Wir kennen uns seit Jahren aus einer gemeinsamen Clique und ich weiß, wie seine Einstellung zu Kindern ist. Ihn zu heiraten, bringt mir inneren Frieden. Der Mann an meiner Seite wünscht sich keine Kinder, nun muss ich nur für mich gucken, wie ich es schaffe, meinen Wunsch loszulassen. Noch immer bin ich kaum in der Lage, mir ein Leben ohne Kinder auch nur auszumalen.

Als wir zwei Jahre verheiratet sind, spricht meine langjährige Freundin Gesa mit mir. Sie weiß natürlich, wie sehr ich Kinder liebe, schon allein, weil ich ihre zwei immer betüdele: „Marion, du musst versuchen, Kinder zu bekommen! Wenn du später fünfzig bist und zurückblickst und sagst: ‚Warum habe ich es nicht wenigstens versucht?', ist es zu spät. Wenn du es aber doch versuchst, ist es bestimmt leichter, Frieden zu finden."

Das tut mir total gut, und mein Mann lässt sich tatsächlich mir zuliebe darauf ein, was ich ganz toll finde. Er trägt meinen Wunsch mit, weil auch er weiß, wie sehr ich Kinder liebe. Meine eigene Kindheit war schwierig, weshalb der Wunsch nach eigenen Kindern wahrscheinlich besonders groß ist. Ich möchte so gern die Möglichkeit haben, Kinder zu prägen und ihnen zu vermitteln, dass sie ihre eigenen Bedürfnisse haben dürfen. Ich möchte ihnen etwas Tolles mit auf den Weg geben: freie Entfaltung, Liebe und Geborgenheit.

Meine Frauenärztin sagt: „Sie können schwanger werden, doch durch Ihre unfallbedingte Beckenverlagerung müsste auf jeden Fall ein Kaiserschnitt durchgeführt werden." Sie sagt nicht, dass es gar nicht möglich ist.

Die härteste Zeit meines Lebens

Zuerst nehmen wir uns vor, nur ein Jahr lang zu versuchen schwanger zu werden, doch daraus werden schließlich zwei Jahre – die wohl härtesten meines Lebens. Ein ständiges Schwanken zwischen Hoffnung und Enttäuschung. Jeder Kinderwagen versetzt mir einen Stich ins Herz. Alles dreht sich in dieser Zeit um das Thema Kinder; ich habe gar keinen Blick mehr für andere Dinge. Manchmal kommt meine Periode eine Woche verspätet, dann richte ich in Gedanken schon das Kinderzimmer ein. Jedes Mal, wenn sie doch noch kommt, breche ich weinend zusammen. Das ist ein Alptraum, ganz furchtbar. Mein Mann trägt alles mit, tröstet mich und hält zu mir.

Als meine Freundin, die mir geraten hat, es auf jeden Fall zu versuchen, in dieser Zeit ihr drittes Kind bekommt, habe ich daran ganz schön zu knabbern. Das ist heftig für mich. Auch für sie ist es sehr schmerzvoll, mir von ihrer Schwangerschaft zu erzählen.

Doch dann bin ich 14 Tage über dem Termin meiner Periode und zu hundert Prozent überzeugt, schwanger zu sein. Irgendwann habe ich mir abgewöhnt, Schwangerschaftstests zu machen, weil es einfach zu frustrierend ist und habe deshalb auch noch gar nicht getestet. Mitten auf einer Fortbildung in Frankfurt bekomme ich heftige Unterleibsschmerzen und muss, aus Angst das Kind zu verlieren, dort zu einem fremden Arzt. Der Arzt eröffnet mir schließlich, dass ich gar nicht schwanger bin. Ein Alptraum! Sofort fahre ich nach Hause und verkrieche mich heulend in meinem Bett. Das ist die schlimmste Erfahrung während dieser Zeit.

Wir versuchen wirklich alles Mögliche, damit ich schwanger werde, und normalerweise sollte es auch klappen, wenn man fast jeden Tag miteinander schläft, aber es funktioniert einfach nicht. Wir entscheiden uns, nicht herauszufinden, an wem von uns es liegt, um Schuldzuweisungen zu vermeiden, und auch keine künstliche Befruchtung zu probieren.

Schließlich mache ich mir verschiedene Gesichtspunkte bewusst: Zum einen, dass ich das Kind körperlich vielleicht gar nicht austragen könnte und dass ich in meiner Situation wahrscheinlich auch eine Fehlgeburt nicht verkraften würde. Wegen der damit verbundenen Schmerzen, habe ich oft genug auch Angst davor, schwanger zu werden. Wenn ich neun Monate nur liegen müsste oder mich anschließend nicht ausreichend um das Kind kümmern könnte, wäre das schlimm. Zum anderen gibt es mir Frieden, dass mein Mann meinen Wunsch mitträgt.

Andererseits denke ich: Ok, *wenn wir jetzt Kinder bekämen, was wäre dann? Wie würde es ihm damit gehen? Könnte er sich darauf einlassen?* Davor hätte ich auch etwas Angst. Deshalb kann ich nach den zwei Jahren für mich akzeptieren, keine Kinder zu bekommen. Und weil mein Mann ursprünglich keine Kinder haben wollte, ist die Möglichkeit der Adoption oder Aufnahme von Pflegekindern auch kein Thema für ihn. Ich spreche das zwar einmal an, aber da ist er ganz klar, dass er das nicht möchte.

Zu mir selbst finden

Gleichzeitig mit dem Prozess des Loslassens beginne ich langsam damit, mich selbst zu finden. Viel zu spät, wobei manch andere*r ja sogar erst Zeit dazu findet, wenn die Kinder aus dem Haus sind. Ich bin aus meinem Elternhaus so sehr von Erziehungsstrukturen geprägt, in denen ich nur funktionieren musste, wie es von meinen Eltern gewünscht war. Ich durfte dies nicht und jenes nicht und vieles „musste, musste, musste" ich. Manche Dinge habe ich gar nicht versucht, weil mir gesagt wurde: „Das kannst du eh nicht."

Auch dadurch, dass mein Kinderwunsch so groß wurde, besinne ich mich schließlich darauf, wer ich eigentlich bin und was ich will – losgelöst von der Gesellschaft oder meinen Erziehungsstrukturen. Mir wird immer bewusster, dass ich gar nicht mein eigenes Leben lebe. Vielleicht ist die Kinderwunschphase sogar ein wichtiger Baustein in meinem Leben, um an diesen Punkt zu gelangen. Vorher habe ich einfach funktioniert. Jetzt, wo ich damit abschließen muss, dass ich das, was ich so sehr möchte, nicht bekommen kann, verändere ich langsam meinen Blick und frage: „Was kann ich denn bekommen? Was ist mir wichtig?"

Ich gehe Fragen nach, die ich mir vorher nie gestellt habe. Nach und nach passiert so vieles in meinem Leben. Ich probiere mich aus, auch an Dingen, zu denen mir früher immer gesagt wurde: „Das kannst du sowieso nicht." Zum Beispiel bin ich künstlerisch überhaupt nicht begabt, und trotzdem fange ich an, Geschichten oder über verschiedene Themen Texte zu schreiben, ich gehe zum Malkurs und hänge meine Bilder sogar oben im Haus auf. Ich lerne Gitarre spielen. Das ist alles nicht besonders schön und ich werde nie perfekt Gitarre spielen, aber ich habe es in Angriff genommen.

Diese Dinge gehören neben Reisen, Freunden, fremden Ländern und anderen Kulturen zu den Sachen, die mich heute erfüllen. Mit meinem Mann suche ich mir immer wieder ganz bewusst Dinge, die uns Freude machen. Ich liebe es, mir von anderen Kulturen etwas abzugucken – zum Beispiel wie relaxed einige Menschen in anderen Ländern sind. Das finde ich total bereichernd.

Obwohl ich innerlich mit meinem Kinderwunsch immer mehr abschließe, verhüten wir nie und ich werde weiterhin nicht schwanger. Immer mal denke ich noch daran, doch irgendwann kommt ein Alter – so um die 38 –, in dem ich auch gar nicht mehr schwanger werden möchte. Als schließlich die Wechseljahre einsetzen, ist es ganz vorbei. Aber insgesamt sind es lange Prozesse, sich vom Kinderwunsch zu lösen und anderem zuzuwenden. Ich bin damit bis heute noch nicht ganz fertig. Aber ich habe angefangen und dass ist das Schöne.

Gott finden

Relativ spät, mit 36, als ich noch versuche, schwanger zu werden, finde ich zum christlichen Glauben. Über die Jahre wächst eine enge Beziehung zu Gott, weshalb es mir vielleicht heute so geht, wie es mir geht – weil Gott mit mir unterwegs ist. Ich finde, es ist ein Phänomen, wie Gott mich geheilt hat. Er hat mich geheilt! Von ihm fühle ich mich die ganze Zeit über getragen und begleitet. Ich bete jeden Tag, weil mir das ein starkes Bedürfnis ist.

Ich spüre förmlich, dass er da ist, auch weil er mir so vieles gelingen lässt. Wenn du zwei linke Hände hast und so ein Typ bist wie ich, der eigentlich nicht zwei Dinge gleichzeitig tun kann und dann bei der Gitarre umgreifen, Schlagtechniken beherrschen und gleichzeitig auf das Notenblatt gucken musst, ist es schon besonders, wenn das gelingt. Oft gelingt es auch nicht sofort, dann hadere ich und schimpfe mit Gott, dass sowieso wieder alles nichts wird und falle in mein altes Muster zurück. Aber er holt mich immer wieder da raus, und wenn ich später die Gitarre erneut in die Hand nehme, bin ich ganz happy und denke: *Ey Gott, du möchtest einfach, dass ich zu deiner Ehre spiele.*

Oder wenn wir auf Reisen sind. Da treffen wir oft so interessante Menschen. Zum Beispiel hat man uns in Indien bei einer Hochzeitsfeier auf der Straße zu verstehen gegeben, dass wir mittanzen sollen, wahrscheinlich auch, weil ich blond bin. Die Leute haben sich total gefreut und Fotos gemacht. Wir haben getanzt und ich habe nur gedacht: *Wie krass, dass ich so was erleben darf!*

Ich könnte noch viele Beispiele nennen, an denen ich einfach sehe: Gott ist mit mir und schenkt mir so vieles. Ich vertraue ihm und denke heute: *Ich glaube, dass es gut und von Gott gewollt ist, dass ich nicht schwanger geworden bin.* Diesen Frieden habe ich gefunden. Ich kann Gott vertrauen, dass das für mich genau richtig und sein Plan war. Wahrscheinlich hängt das aber auch mit meiner Unfallgeschichte zusammen. Hätte ich den Unfall nicht gehabt, wäre das vermutlich noch viel schwieriger.

Vier Jahre nach mir kommt auch mein Mann zum Glauben. Das ist noch so ein Geschenk. Mittlerweile gelingt es mir, die Geschenke in meinem Leben zu sehen. Ich will meinen Blick ganz bewusst auf das richten, was ich von Gott bekommen habe und weniger auf das, was er mir nicht gegeben hat. Natürlich hadere ich auch immer wieder mit Gott und vergieße viele Tränen, besonders in der Phase bis zu meinem achtunddreißigsten Lebensjahr. Es war ein Entwicklungsprozess, mich davon zu lösen.

Kinder in meinem Leben

Als ich beginne, meinen Kinderwunsch loszulassen, beginne ich auch, in meiner Gemeinde in der Kinderbetreuung mitzuarbeiten. Zehn Jahre lang betreue ich eine Gruppe für Mütter mit Babys und Kleinkindern. Gott erfüllt mich, indem ich Kinder mit prägen und ihnen Liebe geben kann. Außerdem haben wir Freunde, hier um die Ecke, die vier Kinder haben. Die darf ich alle aufwachsen sehen. Ihre Mutter, Nicole, ist wie eine Schwester für mich.

Ich lerne sie kennen, weil sie nach meinem Unfall meine Krankengymnastin ist. Ich fange damals viel zu früh wieder an, viel zu viel zu arbeiten und verdränge dadurch den Unfall. Das geht so an meine körperlichen Grenzen, dass irgendwann nichts mehr geht und ich kündige. Anschließend beginne ich, mich körperlich aufzubauen und freiberuflich als Dozentin zu arbeiten. Vier Jahre lang baue ich meinen Körper auf, wozu auch die Krankengymnastik gehört. Immer, wenn es mir schlecht geht, höre ich auf meinen Körper und entscheide, was geht und was nicht, was auch zum Wachstum meiner inneren Zufriedenheit beiträgt.

Während der Krankengymnastik unterhalten wir uns. Zu dieser Zeit bin ich ganz *frisch* im Glauben und wir finden heraus, dass wir in dieselbe Gemeinde gehen. Irgendwann fragt sie, ob wir gemeinsam in einen Hauskreis gehen wollen, und daraus wächst eine wunderbare Freundschaft, noch bevor sie eigene Kinder hat. Als ihre Kinder dann kommen, kann ich mich über jedes von ihnen freuen, weil ich selbst schon über das Alter hinaus bin, schwanger werden zu wollen. Und was für mich ein ganz besonderes Geschenk ist: Ich darf bei der Geburt der beiden jüngeren Kinder dabeisein. Beim ersten Mal ist es eine Wassergeburt und beim zweiten Mal sagt sie: „Ich mach das ganz anders“, und bringt ihr Kind im Stehen zur Welt. Auf ihren Wunsch hin mache ich Fotos, an denen sie und die Kinder sich heute noch freuen. Wir sind so nah an diesen vier Kindern dran, dass das sowohl für uns als auch für die Kinder und Eltern ein Geschenk ist.

Nicht nur bei mir, sondern auch bei meinem Mann entwickeln sich die Beziehungen zu den Kindern ganz organisch, weil wir von Anfang an immer wieder auf sie aufpassen. Er fängt an, Kinder zu mögen, und hängt mittlerweile total an den vieren. Bei seinem

Neffen und seiner Nichte habe ich noch miterlebt, dass er zu ihnen in der frühen Kindheit überhaupt keine Beziehung aufgebaut hat. Kinder waren nicht seins. Aber mit diesen Kindern gewöhnt er sich daran. Ganz oft sind sie bei uns, wir gehen mit ihnen in Zoos und sie übernachten bei uns.

Die beiden jüngeren, die heute 10 und 12 sind, sind sogar unsere gemeinsamen Patenkinder, die wir besonders betüdeln. Wir freuen uns immer, wenn wir die Kinder bei uns haben. Selbst die beiden Großen fragen ab und an: „Wollen wir mal wieder eine Herr-der-Ringe-Nacht machen?" Und die beiden Kleinen: „Wann können wir denn mal wieder bei euch übernachten?"

Schon vor Jahren haben wir unseren Freunden gesagt, dass wir uns um alle vier kümmern würden, falls ihnen etwas passieren sollte. Das ist selbstverständlich für uns und auch für meinen Mann alles kein Thema mehr. Deshalb denke ich jetzt im Nachhinein manchmal, dass er wahrscheinlich genauso in die Vaterrolle reingewachsen wäre. Vielleicht war der Zeitpunkt damals aber noch zu früh. Ich weiß es nicht. Es ist schon krass, wenn eins von diesen Kindern sagt: „Also, wenn Papa und Mama was passiert – das einzig wirklich Gute ist ja, dass wir dann alle zu euch kommen." Das sind einfach Geschenke!

Heute

Wenn ich heute Leute in meinem Alter sehe, die jetzt alle ihre Enkelkinder kriegen, schmerzt das manchmal noch ein bisschen. Natürlich nur, wenn ich sehe, wie eng die Beziehungen in der Familie sind, da ich so etwas nie kennengelernt habe und nun auch nie kennenlernen werde. Aber letztlich bin ich sehr dankbar, dass Gott mir so eine erfüllte Beziehung mit meinem Mann geschenkt hat. Ich sage mir oft, dass es unerfüllte Beziehungen gibt, in denen man vielleicht den Draht zueinander nur über die Kinder findet. Das erlebe ich in meinem Umfeld. Ich aber darf sagen, dass ich eine erfüllte Beziehung habe.

Ich glaube, dass es kaum möglich ist, in allen Bereichen des Lebens alles geschenkt zu bekommen. Ich denke immer, dass wir gemeinsam viele unserer Bedürfnisse, Ziele und Wünsche erfüllen, und wenn der Wunsch nach einem Kind nicht dazugehören sollte, dann weiß Gott auch, warum das so ist. Heute kann ich sagen, ich bin auch so glücklich mit meinem Leben, und ich frage nicht mehr danach: Wie wäre es gewesen, wenn?

Marions Gedanken über Kinderlosigkeit

Kinderlosigkeit ist ein sensibles und intimes Thema. Es fällt schwer, darüber zu reden. Kinder zu haben ist in unserer Gesellschaft so selbstverständlich, vor allem in christlichen Kreisen. Hier wird man schon einmal genauer betrachtet, wenn man keine Kinder hat.

Ein Kind zu haben bedeutet, etwas von sich selber weiterzugeben, ein Ebenbild von sich zu schaffen oder sich im Alter nicht alleine zu fühlen. Oft wird auch auf die Rentenabsicherung hingewiesen. Sind dies nicht auch egoistische Gedanken?

Ein Kindersegen ist nicht immer das perfekte Lebensglück. Als kinderloses Paar sind wir genauso glücklich und sozial eingebunden wie Ehepaare mit Kindern, die nicht trauriger oder glücklicher sind als wir. Wir haben alternative Lebenskonzepte entwickelt und Erfüllung gefunden. Unsere Kinderlosigkeit bedeutet trotzdem ein Leben mit Kindern. Wenn wir Kinder zur Übernachtung bei uns haben, ist es laut im Haus. Es wird gebastelt, gelesen, gespielt, gekocht, gelacht und gepuzzelt. Wir genießen das sehr, aber auch die Stille, die wir in unserer Zweisamkeit haben.

Wir lieben auch die Mischung von Paaren mit und ohne Kinder in unserem Umfeld. Das bietet eine große Abwechslung und bereichert unser Leben. Neid kenne ich nicht, und Mitleid brauche ich nicht. Mein Leben steht auf einem guten Fundament, denn mein Glück hängt nicht von eigenen Kindern ab.

Claudia* und Norbert*

Manchmal vergessen wir, dass es nicht unsere eigenen sind

Wer in die weitläufige Berliner Altbauwohnung von Claudia und Norbert kommt, in der zwei Grundschuljungen lautstark, freudig umhertollen, wird nicht so schnell auf die Idee kommen, dass es sich bei der Familie um eine besondere Konstellation handelt. Die beiden Kleinen sehen ihren Eltern sehr ähnlich, erst wenn der 12-Jährige den Kopf aus seinem Zimmer steckt, wird man ins Grübeln kommen. Ich kenne die Familie quasi schon seit ihrer Entstehung und habe ihren Weg einige Jahre als Babysitterin mitverfolgt. Heute treffen wir uns in dem Büro, in dem die beiden Eltern jeweils ihrer Selbstständigkeit nachgehen, bis ihre Rasselbande sie nachmittags wieder für sich vereinnahmt.

2005 hat Claudia sich gerade innerlich drauf eingestellt, als Single ihr Leben zu verbringen, auch Kinder möchte die leidgeprüfte Schwester von vier Brüdern nicht unbedingt. Als Norbert auf einmal in ihr Leben tritt, ändert sich alles. Die beiden werden ein Paar und heiraten ein Jahr später: „Mit ihm Kinder haben? Sofort!“, erinnert sie sich lachend. Da sie bei der Hochzeit schon 37 und 39 Jahre alt sind, beginnen sie sofort mit der *Familienplanung*.

Ein knappes Jahr später ist Claudia noch immer nicht schwanger, weshalb sie sich bei ihrer Frauenärztin vorstellt, die der etwas überrumpelten Patientin sofort eine Liste mit Kinderwunschpraxen in die Hand drückt, mit dem Hinweis keine Zeit zu verlieren. Die Diagnose in der schicken Praxis ergibt, dass Claudias Eileiter nicht durchlässig sind. Nachdem ein Eileiter wieder durchlässig gemacht werden kann, wird ihnen aufgrund ihres Alters trotzdem sofort eine IVF ans Herz gelegt. Die beiden glauben, sich verhört zu haben und lassen die Empfehlung erst einmal sacken. Der Behandlung an sich stehen sie von Anfang an eher kritisch gegenüber.

Norbert: „Schon damals hatte die Kinderwunschbehandlung den Ruf: industrielle Abfertigung, Kinderproduktion. Wir haben es auch so erlebt, so wie wir da durchgeschleust wurden. Du bist Kunde, kriegst das Produkt und musst zu einem bestimmten Zeitpunkt bestimmte Dinge tun. Das war kein warmes Verhältnis zu den Ärzten. Die verdienen ja schon auch ein bisschen besser als unser Hausarzt."

Ein paar Wochen später ist Claudia auf einmal spontan schwanger. Die Freude ist groß, nun doch noch auf natürliche Weise zu einer Familie zu werden. Umso tiefer ist die Trauer, als der Embryo sich schon nach wenigen Wochen wieder verabschiedet. Doch die Gewissheit kann ihnen keiner mehr nehmen: „Wir können auch ohne künstliche Befruchtung schwanger werden."

Am richtigen Ort

Claudia rückblickend im Oktober 2019

Im Sommer 2008, ein Jahr nach unserer kirchlichen Hochzeit, reisten wir durch die Schweiz, um Freunde und Verwandte zu besuchen. Es war eine frohe, beschwingte Zeit, aber was die Reise für meinen Mann und mich zu einer ganz besonderen machte, war das kleine Geheimnis, das ich mit mir trug: Kurz vor unserer Abreise hatte ich einen positiven Schwangerschaftstest in der Hand gehalten. Wir beide sahen in ihm ein kleines großes Wunder, nachdem uns die Ärzte nicht viel Hoffnung auf eine spontane Schwangerschaft gemacht hatten. Sollten nun tatsächlich auch wir das große Glück erleben, ein eigenes Kind zu haben?

Wir dachten an kaum etwas anderes als an das winzige Etwas, das in meinem Bauch heranwuchs und jeden Tag ein bisschen größer wurde. Schließlich waren wir in Basel und übernachteten bei einer Freundin. Am Morgen kam der Schreck: Da war Blut in der Toilette und nicht nur ein bisschen. Mein Mann, der gerade zum Bäcker wollte, um Gipfeli für ein gemütliches Frühstück zu holen, rief stattdessen ein Taxi zum Frauenspital.

Es war noch immer Vormittag, als wir mit einem Rezept, der Ermahnung zu viel Ruhe und den besten Wünschen entlassen wurden und in mir der Satz der Ärztin nachhallte: „Das sieht leider gar nicht gut aus." Mein Mann fragte mich, was ich jetzt am liebsten machen wollte. Ich wusste, was ich wollte. Ich wollte ins Münster.

In Basel hatte ich studiert und einige Jahre in Sichtweite des Münsters gewohnt. Dieses majestätische Bauwerk hoch oben über dem Rhein war mir immer wieder ein Zufluchtsort gewesen, wenn irgendeine Krise meine Welt ins Wanken gebracht hatte. So manches wunderbare Konzert hatte ich darin erlebt, in den Rundbögen der Empore kauernd, und oft hatte ich das Münster auch einfach so aufgesucht, wenn mir der Sinn nach ein bisschen Stille und Innehalten stand. Dass ich jetzt, in diesem Moment, als der Boden unter meinen Füßen nachgab und innerlich alles entgleiste, in Basel war, war eine große Gnade.

Das Münster stand da, wo es schon seit tausend Jahren steht. Es empfing mich wie immer mit unerschütterlicher Ruhe, alles Licht und Geräusch war gedämpft, und da war der vertraute Geruch von uraltem Holz und Stein. Da waren auch die gewaltigen spätromanischen Pfeiler, die selbst dem großen Erdbeben von 1356 standgehalten haben. Der Sandstein fühlte sich kühl und fest an. Ich lehnte mich eine ganze Weile dagegen, während sich in mir alles drehte.

Wie viele Frauen mögen wohl im Lauf der Jahrhunderte schon hier gewesen sein, mit demselben Kummer, von dem niemand wusste außer Gott selbst? Wie viele Menschen haben hier schon gebetet und geweint, weil sie das Liebste im Leben verloren haben? Und diese Steine und Mauern haben es ausgehalten. Sie sind stehen geblieben. Die Steinplatten unter meinen Füßen halten. Das helle Mauerwerk, all die Bögen, Glasfenster und das Gewölbe weit oben über mir umgeben mich freundlich und scheinen zu sagen: Ja, wir wissen schon.

Wenn sich körperlicher und seelischer Schmerz so gar nicht mehr voneinander trennen lassen, dass sich quasi das Innerste nach außen dreht, dann muss auch Trost für mich körperlicher Art sein. Ich bin aber ein sehr introvertierter Mensch und mache die Dinge überwiegend mit mir selbst aus. Es wäre mir sehr unangenehm gewesen, wenn andere – womöglich auch noch fremde – Menschen mir in diesem Moment ihren Körperkontakt aufgedrängt hätten. Das wäre überhaupt nicht das gewesen, was mir geholfen hätte.

Das Münster mit seiner vertrauten steinernen Präsenz war genau das Richtige in dem Moment. Und die Erkenntnis, dass Gott das wusste und auf den Tag genau so eingefädelt hat, damit mir diese schlimme Erfahrung nicht gänzlich den Boden unter den Füßen wegzieht, hat mich sehr in meinem Glauben an die Vorsehung bestärkt. Also den Glauben daran, dass es einen Gott gibt, der weiß, was er tut, auch wenn oft genug Dinge passieren, die ich nicht verstehe und in denen ich auch keinen Sinn erkennen kann – das ist Teil des Lebens im Diesseits.

Letztendlich hat dieser Gott mit mir aber nur Gutes im Sinn und weiß, wann ich welche Hilfe brauche, um das Leben, wie es nun mal ist, zu bewältigen und daran zu reifen.

Alles versuchen?

Trotz der Möglichkeit, spontan schwanger zu werden, setzt sich das Paar aktiv mit dem Vorschlag einer *künstlichen Befruchtung* auseinander und wälzt Ethik-Abhandlungen.

Claudia: „Worüber ich immer gestaunt habe: Die Theologen, die darüber schreiben, kennen sich mit der Sache irgendwie nicht aus und scheinen die vielen Prozesse nicht zu kennen. Und die Mediziner haben die ethische Seite nicht wirklich im Blick. Da ist noch ziemlich viel Nachholbedarf."

Da sie ihre eigenen ethischen Überzeugungen in den relativ strengen Richtlinien des Embryonenschutzgesetzes in Deutschland gut vertreten sehen und sich in ein paar Jahren nicht vorwerfen wollen, nicht alles versucht zu haben, entscheiden sie sich schließlich doch für eine IVF.

Claudia ist erstaunt, wie wenig es ihr ausmacht, sich selbst zu spritzen. Dennoch erleben sie die Behandlung als etwas skurril. Sie müssen auch feststellen, dass das Embryonenschutzgesetz mitunter recht gummiartig ausgelegt wird. Man bietet ihnen an, erst am Tag der Rückgabe der Embryonen zu entscheiden, wie viele Claudia sich einsetzen lassen möchte. Die übrigen könne man dann ja not-kryokonservieren. Da sich nach der Befruchtung jedoch nur ein Embryo entwickelt, wird ihnen diese Entscheidung abgenommen. Die Einnistung ist jedoch nicht erfolgreich.

Nach dem gescheiterten Versuch sitzen sie erneut bei der Kinderwunschärztin, um zu beraten, wie es weitergeht. Claudia erinnert sich genau an das Gespräch: „Die Ärztin hat sich alles angeguckt. Komisch war, dass die sich gar nicht groß dafür interessiert hat, dass es bei mir ja auch auf dem normalen Weg geklappt hat. Sie meinte nur lapidar: ‚War jetzt nicht so erfolgreich, für das nächste Mal schlage ich eine ICSI vor.'

Da war für mich Schluss. Ich habe das nicht verstanden, weil die Befruchtung bei uns doch gar nicht das Problem war. Aber die Erfolgsrate einer ICSI ist halt größer. Ich wäre mit allem, das natürliche Prozesse angestoßen hätte, einverstanden gewesen, aber wenn es nur noch darum geht, industriell Kinder zu machen …"

Die beiden entschließen sich, die Behandlung zu beenden. Norbert: „Ich war froh, als das abgeschlossen war. Am Anfang ist das noch lustig, wenn im Behandlungsplan GV für Geschlechtsverkehr steht, wenn du das dann aber ein paar Mal machst, findest du das irgendwann nicht mehr witzig. Du musst ja sozusagen Ergebnisse produzieren. Und wenn du mit diesem Druck nicht umgehen kannst – und das können glaub ich die wenigsten – bist du in einer totalen Abhängigkeit. Es wäre mal interessant herauszufinden, wie viele Paarbeziehungen am Hausbau scheitern und wie viele an Kinderwunsch und *künstlicher Befruchtung*. Wenn wir noch weitergemacht hätten, hätte es für die Beziehung schon schwierig werden können."

Auch Claudia ist froh: „Ja, ständig dieser geplante Sex. Dass Sex und Kinderkriegen so zusammenhängen, hat mich echt gestresst."

Neue Wege

Silvester 2008 feiert das Paar mit einer Freundin in Sachsen, der sie von ihrem Kinderwunschweg erzählen. Die Freundin drückt ihnen einen Flyer von einem Team-F-Seminar in die Hand, in dem es um die Annahme von Pflegekindern geht. Da die beiden in ihrer Kennenlernzeit schon überlegt haben, auch für andere Wege offen zu sein, falls sie auf natürlichem Weg nicht mehr zur Familie werden, melden sie sich zu dem Seminar an. Zweimal wird Claudia in den kommenden Monaten noch schwanger und zweimal müssen sie die Enttäuschung über frühe Verluste dieser Schwangerschaften verarbeiten.

Claudia geht es gar nicht gut: „Ich habe mich mit unserem unerfüllten Kinderwunsch sehr bedeckt gehalten. Es war echt ein Problem für mich, zu entscheiden, wem ich mich anvertrauen kann, bei wem ich sicher sein kann, dass das nicht weitererzählt wird. Ich war in unserer Gemeinde eine relativ öffentliche Person und wollte nicht, dass die halbe Gemeinde anfängt, sich darüber zu unterhalten, was in meinem Unterleib los ist. Das fand ich echt schwierig, weil ich immer dachte, dass in der Gemeinde sicher einige Leute sitzen, die damit auch gerade zu tun haben, ich aber nicht weiß, wie ich die finden soll. Ich habe mich mit dem Thema ziemlich isoliert gefühlt."

Auch die Planungsunsicherheit ist schwierig für sie: „Die ganze Zeit des Kinderwunsches war eine saublöde Zeit für mich. Dieses *Nicht-Wissen*, was passiert. Wie plane ich Urlaub, wenn ich eigentlich am liebsten hätte, dass ich den gar nicht antreten kann? Damals dachte ich schon: *Wenn ich damit mal durch bin, möchte ich das öffentlich machen. Möchte, dass endlich darüber geredet wird.* Schon allein wegen der vollen Kinderwunschpraxen dachte ich, dass es wirklich viele Leute geben muss, die sich mit dem Thema rumschlagen."

Auch für Norbert sind die Aborte jedes Mal ein Schock und setzen einen Trauerprozess in Gang, der schließlich in der inneren Gewissheit mündet, keine leiblichen Kinder bekommen zu können. Er öffnet sich für andere Wege.

Gemeinsam setzen sie sich mit der Option zu adoptieren auseinander und beginnen den Bewerbungsprozess, brechen diesen jedoch relativ schnell wieder ab, weil man ihnen sagt, dass es jahrelang dauern kann, bis ihnen ein Kind vermittelt werden könne und sie dann wahrscheinlich altersmäßig für junge Kinder gar nicht mehr infrage kämen. So eine zermürbende Wartezeit können sie sich nicht vorstellen. Zudem verdeutlichen sie sich, dass sie als Pflegeeltern ein viel größeres Hilfenetzwerk hätten, an das sie sich bei Problemen wenden könnten.

Nach dem Seminar von Team-F entscheiden sie sich deshalb, den Weg als angehende Pflegeeltern weiterzuverfolgen. Norbert: „Was immer als Hinderungsgrund für die Annahme von Pflegekindern genannt wird, dass man nicht weiß, ob die Eltern das Kind irgendwann zurückbekommen, ist meiner Meinung nach totaler Blödsinn. Nur drei Prozent aller Kinder, die in einer Dauerpflege sind, gehen zurück. Da muss man sich nur eine Statistik angucken."

Auch Claudia hat keine Angst davor, dass ihr ein Pflegekind wieder weggenommen werden könnte: „Es ist ja die letztmögliche Maßnahme für ein Kind, es dauerhaft in Pflege zu geben. Dass das übers Gericht noch mal aufgerollt wird, ist sehr unwahrscheinlich."

Bei einem Wochenendkurs eines freien Trägers *Familien für Kinder*, wird ihnen das Prozedere und auch der Alltag mit Pflegekindern durch Vorträge und Rollenspiele nahegebracht. Vieles wissen sie schon vom Team-F-Seminar. Da es mehr Kinder gibt, die in eine Pflegefamilie vermittelt werden sollen, als potenzielle Pflegeeltern, wird ihnen klar, dass sie schon in wenigen Monaten eine Familie sein können. Nach jedem Termin auf dem Jugendamt sagt man ihnen, sie sollten erst mal alles sacken lassen und sich wieder melden, wenn sie diesen Weg weitergehen wollten. Sie wollen. Deshalb schreiben sie persönliche Lebensberichte, fordern polizeiliche Führungszeugnisse an und heißen den Pflegekinderdienst in ihrer Wohnung Willkommen, der sich von der ausreichenden Wohnungsgröße und Ausstattung überzeugen will.

Schon sechs bis acht Monate nach ihren ersten Überlegungen, Pflegeeltern zu werden, bittet man sie, zu entscheiden, was für Kinder sie annehmen möchten und ab wann man sie für eine Anbahnung kontaktieren dürfe. Auf dem Fragebogen kreuzen sie alle Kinder an, nur Schwerst-Mehrfachbehinderungen schließen sie aus, denen sie sich nicht gewachsen fühlen.

Norbert: „Uns war natürlich klar, dass sich Pflegekinder in der Regel anders entwickeln als leibliche, weil sie ganz andere Vorbelastungen haben. Allerdings kann man das ja in den seltensten Fällen schon von vornherein absehen. So ein Kind ist halt eine Wundertüte, aber das kann ein leibliches Kind auch sein."

Familienleben

Kurz vor Weihnachten 2009 kommt eine Mail vom Jugendamt, ob sie einen kleinen Jungen mit thailändischen Wurzeln kennenlernen möchten. Claudia: „Wir haben gesagt, er solle Weihnachten noch in seiner alten Pflegestelle feiern, denn wir wollten im Januar gerne noch mal verreisen. Nach unserer Rückkehr haben wir die Anbahnung begonnen."

In einem für diese Zwecke eingerichteten Spielzimmer auf dem Jugendamt begegnen sie sich zum ersten Mal. Der knuffige Zweieinhalbjährige mit den dunkelbraunen Augen und pechschwarzen Haaren linst schüchtern über seine Stuhllehne. Seine Übergangspflegeeltern sind mit ihm da. Nach ersten vorsichtigen Kontaktaufnahmeversuchen sitzen Claudia und Norbert schon bald mit ihm in ein Spiel vertieft auf dem Teppich – ihre Herzen sind bereits erobert.

Norbert: „Wir hatten ja kein bestimmtes Bild von einem Kind. Und das hat dann einfach gepasst."

Täglich finden nun Besuche bei der Übergangspflegefamilie statt, die beiden angehenden Pflegeeltern gehen nach ein paar Tagen allein mit dem Kleinen nach draußen und machen schließlich Ausflüge in ihre eigene Wohnung. Nach einem Monat darf ihr neues Familienmitglied bei ihnen übernachten und bleibt.

Claudia: „Die erste Zeit war es schon wahnsinnig anstrengend, auf einmal ein Kind zu haben. Und der Kleine hat auch viel an mir geklebt. Klar dachte er: *Jetzt gibt es endlich eine Mama, die lasse ich nicht mehr los!* Ich war schon echt fertig. Eigentlich wir beide."

Sie sind fertig, aber glücklich, endlich eine Familie zu sein. Das sonnige Kerlchen wird von allen gemocht und lebt sich schnell bei seinen Pflegeeltern ein. Einmal die Woche gehen sie vormittags zum Pflegeelternkurs und bringen ihn in dieser Zeit zu seinen Übergangspflegeeltern, bei denen er ein Jahr lang gelebt hat. Im Nachhinein müssen sie feststellen, dass das keine so gute Idee war, weil ihr Kleiner nach diesen Vormittagen immer ziemlich durcheinander ist. Doch ihnen ist wichtig, den obligatorischen Kurs gemeinsam zu besuchen.

Mit dem leiblichen Vater gibt es anfangs noch regelmäßig Besuchskontakte, die jedoch mit der Zeit immer weniger werden. Die Verständigung ist nicht einfach, weil der Vater kaum Deutsch spricht, irgendwann vergisst er sogar die Geburtstage und meldet sich von sich aus gar nicht mehr. Die Mutter hat sich schon vor dem Pflegeverhältnis komplett abgeseilt. Auch seine älteren Geschwister, die in einem SOS-Kinderdorf leben, sieht der Kleine in den ersten Jahren regelmäßig, bis diese pubertieren und von ihrem Brüderchen nur noch genervt sind.

Da Claudia und Norbert gerne weitere Pflegekinder aufnehmen wollen, suchen sie sich eine größere Wohnung und geben dem Pflegekinderdienst Bescheid. Die zuständige Mitarbeiterin zieht bei ihrem ersten Hausbesuch in der neuen Wohnung gleich die Akte eines weiteren kleinen Jungen heraus. Die leibliche Mutter habe keinen festen Wohnsitz und schon unterschrieben, dass sie bereit ist, ihr Kind in Dauerpflege zu geben. Claudia und Norbert fragen, ob sie eventuell während der Schwangerschaft Alkohol oder Drogen konsumiert haben könnte, was die Mitarbeiterin jedoch ausschließt.

Herzen und Türen öffnen sich schnell für das neue Familienmitglied. Der Große ist mittlerweile vier und der Kleine erst acht Monate alt. Aufgrund seines jungen Alters geht die Anbahnung diesmal sehr schnell, sodass sich das Paar schon bald ganz neuen Herausforderungen mit Babybrei und Krabbeldecke stellt.

Der Neuankömmling fühlt sich gleich pudelwohl in seiner Familie und kullert zufrieden über den Teppich. Als er ein Jahr alt und zunehmend mobiler ist, fordert er jedoch immer mehr Energie und es wird für das Paar zunehmend schwieriger, mit ihm umzugehen. Manchmal müssen sie ihn beim Wickeln zu zweit festhalten. Denken tun sie sich dabei jedoch erst einmal nichts.

Claudia: „Ich dachte, Einjährige sind halt schwierig." In dieser Zeit erreicht sie die Info des Pflegeelterndienstes, dass die leibliche Mutter erneut schwanger ist, verbunden mit der Frage, ob sie sich vorstellen können, auch dieses Kind aufzunehmen. Der Geburtstermin sei schon in zehn Tagen.

Grundsätzlich können sich die beiden gut vorstellen, drei Kinder aufzunehmen, doch ist jetzt, wo ihr Kleiner so viel Energie braucht, ein guter Zeitpunkt? Freunde raten ihnen, das Kind unbedingt zu nehmen, da ein leibliches Geschwisterkind doch toll sei und man sich nicht mit einer dritten Herkunftsfamilie auseinandersetzen müsse. Sie entscheiden sich schließlich für das Kind.

Nun muss alles sehr schnell gehen. Innerhalb kürzester Zeit haben sie von Freunden und Bekannten eine Neugeborenenausstattung zusammen. Die leibliche Mutter entlässt sich selbst einen Tag nach der Geburt aus dem Krankenhaus, einen weiteren Tag später nehmen Claudia und Norbert ihren dritten Pflegesohn schon mit nach Hause. Im April 2013 geben sie bekannt, dass ihre Familie nun komplett sei.

Mit FAS Kindern leben

Als ihr nun Mittlerer mit 15 Monaten in die Kita kommt, wenden sich die Pädagogen recht schnell an die Pflegeeltern. Sie würden bei ihrem Sohn Weglauftendenzen feststellen, und er habe keinerlei Gefühl dafür, Gefahren einzuschätzen und würde ohne Angst überall hochklettern. Mit der Empfehlung, abklären zu lassen, ob eventuell ein Fetales Alkoholsyndrom (FAS) vorliege und er einen Integrationsstatus bekommen könne, wenden Claudia und Norbert sich an das Jugendamt. Dort werden sie jedoch abgewimmelt, da von Alkohol nichts in der Kindesakte stehe und der Kleine noch viel zu jung für zusätzliche Hilfen sei. Doch der *junge Mann* entwickelt immer mehr Eigenschaften, die ihn von seinen Altersgenossen unterscheiden und bei den Erwachsenen großen Einsatz fordern.

Norbert haut schließlich während einer Hilfekonferenz im Jugendamt auf den Tisch und pocht auf sein Recht, Unterstützung zu bekommen. Dadurch wird ein Prozess in Gang gesetzt, der letztlich dazu führt, dass der Kleine aufgrund von FAS und den damit verbundenen Beeinträchtigungen, nicht nur einen Integrationsstatus, sondern zusätzlich einen Schwerbehindertenausweis mit Pflegegrad Zwei erhält.

Endlich entspannt sich das Familienleben wieder ein wenig. Ihr Großer musste in den letzten Monaten viel zurückstecken und lief nur noch nebenher, auch für den Neugeborenen hatten sie nicht die nötigen Kapazitäten. Jetzt erhalten sie zusätzliche Hilfen bei der Betreuung: Verhinderungspflege und ehrenamtliche Unterstützung sowie Pflegegeld. Endlich können sie sich allen drei Jungen zuwenden. Ihre Freiberuflichkeit hatte sowieso schon lange hintenanstehen müssen.

Claudia: „Ich sehe unsere drei Pflegekinder als 50-Prozent Job, zumal wir auch tatsächlich Geld bekommen (Anm. der Autorin: Bei Kindern ohne Pflegestufe zwischen 750-1.000 Euro pro Kind im Monat, je nach Alter). Sonst wirst du irgendwie nicht glücklich, wenn du die Kinder rein als Privatleben betrachtest. Du kannst beruflich einfach nicht so viel reißen, wie du gerne würdest. Das muss man sich für sich selber so einsortieren. Ich verstehe alle Leute, die sich das nicht zutrauen. Es ist wirklich auch ein Zeitfaktor, wenn ich mir angucke, wie viele Termine wir haben. Mit einem geregelten Angestelltenverhältnis kriegst du das, glaube ich, kaum unter einen Hut. Wir arbeiten ja beide selbstständig zu zirka 50 Prozent."

Als ihr Jüngster drei Jahre alt ist, wird klar, dass auch er vom FAS betroffen ist und einen Integrationsstatus bekommt. Mittlerweile gehen sie davon aus, dass die Vermittlungsstelle nicht ganz ehrlich war, als ihnen gesagt wurde, dass man Alkoholkonsum während der Schwangerschaften in jedem Fall ausschließen könne.

Auch der Kleinste entwickelt sich zum Wirbelwind, doch insgesamt ist er weniger als sein Bruder von der Alkoholbelastung in der Schwangerschaft betroffen.

Heute

Trotz der Besonderheiten ihrer Pflegesöhne wollen Claudia und Norbert keinen von ihnen in ihrer Familie missen. Ihr Jüngster wurde dieses Jahr eingeschult. Sie sind froh, dass die anstrengenden Kleinkindjahre heute der Vergangenheit angehören. Ihr Mittlerer besucht eine Förderschule, die beiden anderen eine evangelische Privatschule. Von den Pädagogen in Kita und Schulen fühlen sie sich gut unterstützt, nur mit dem Jugendamt ist die Zusammenarbeit immer wieder herausfordernd. In schwierigen Phasen mit den Kindern haben sie von ihrem Recht Gebrauch gemacht, Supervision in Anspruch zu nehmen.

Grundsätzlich sind sie froh, dass sie durch die Geschichten ihrer Jungs wissen, dass deren leibliche Eltern mit Sicherheit nicht versuchen werden, sie zurückzuholen. Ihre beiden Jüngeren haben inzwischen drei weitere leibliche Geschwister, die in anderen Pflegefamilien untergebracht sind. Mit der leiblichen Mutter gibt es keine Besuchskontakte.

Sie fühlen sich als ganz normale Familie. Claudia: „Ich vergesse zwischendurch, dass es nicht meine Kinder sind. Viele Leute sind überrascht, wenn ich erzähle, dass die beiden Kleinen Pflegekinder sind, weil sie uns sehr ähnlich sehen." Nur, wenn einer von ihnen in der Öffentlichkeit arg über die Strenge schlägt, würde Claudia das manchmal gerne klarstellen, erzählt sie mit einem Augenzwinkern.

Dadurch, dass ihre Kinder gesetzliche Vormünder haben, die gewisse Entscheidungsrechte besitzen, fühlt sich das Paar kaum eingeschränkt. Norbert: „Wir sollen den Vormündern Bescheid sagen, wenn wir im Urlaub Europa verlassen. Theoretisch haben sie auch andere Entscheidungsrechte, zum Beispiel bei der

Schulwahl, aber das interessiert sie überhaupt nicht. Für mich gibt es auch emotional keinen Unterschied zu leiblichen Kindern."

Laut Statistik brechen viele Pflegeverhältnisse auseinander, wenn die Kinder in die Pubertät kommen. Claudia und Norbert haben diesbezüglich bei ihren drei Jungs erst mal keine Sorge. Claudia: „In der Pubertät könnten natürlich schon die ganzen Identitätskonflikte eskalieren. Sie dürfen ab 14 Jahren mitentscheiden, wo sie leben wollen und könnten in ein betreutes Jugendwohnen umziehen. Das sehen wir aber im Moment bei keinem. Der Große ist schon ein paarmal losgezogen, mit der Absicht sich eine neue Familie zu suchen, und stand später wieder vor der Tür. Der Mittlere hat das neulich auch mal gesagt und dann gefragt: ‚Mama, kommst du mit?'"

Was natürlich, wie in jeder anderen Familie auch, nicht zu kurz kommen darf, ist die Pflege der Paarbeziehung. Jede Woche engagieren Claudia und Norbert deshalb einen Babysitter und gehen zusammen aus. Ihr Umfeld habe durchweg positiv und unterstützend auf ihren Weg mit den drei Pflegejungen reagiert.

Ob es sie noch schmerze, keine leiblichen Kinder zu haben oder sie damit aktiv abgeschlossen hätten, möchte ich wissen. Claudia: „Ich habe mich schon gefragt, ob es mich später noch mal einholt, keine eigenen Kinder zu haben. Keine Kinder geboren zu haben. Im Moment fühlt es sich nicht so an, ich bin eher erleichtert, dass das Ganze langsam aufhört. Stichpunkt Wechseljahre. Die letzten Jahre waren durch unsere Jungs so ausgefüllt, dass ich gar keine großen Kapazitäten hatte, in mich reinzuhören, was sich da abspielt. Ich war mit den Kleinen ja nur am Wirbeln. Im Moment fühlt es sich eigentlich gut an. Wir machen uns keinen Kopf mehr darüber. Ich glaube, es ist jetzt auch gut, so wie es ist."

Frida*

Gott sieht auch das kleinste Leben

Als unsere Tochter ein Jahr alt ist, fragt mein Mann mich mehrmals: „Sag mal, kann es sein, dass du schwanger bist?“ Obwohl wir verhüten, hat er diesen Eindruck.

Ich verneine, denn ich bin noch gar nicht über die Zeit meiner Periode hinaus und kann es mir auch nicht vorstellen. Ein paar Tage später stellt sich heraus: *Doch, er hat recht, ich bin schwanger.*

Der Zeitpunkt könnte nicht unpassender sein. Unsere Tochter beginnt gerade zu einer Tagesmutter zu gehen und ich habe einen Arbeitsvertrag unterschrieben. Gefühlt habe ich eben erst abgestillt. Deshalb hadere ich sehr mit der ungeplanten Schwangerschaft. Irgendwie können wir uns in den nächsten Tagen aber darauf einlassen, weil wir es besonders finden, dass mein Mann schon etwas gespürt hat, bevor wir Gewissheit hatten. Wir denken: *Dann soll es wohl so sein.*

In den kommenden Wochen können wir uns immer mehr auf ein weiteres Kind freuen. Unsere kleine Tochter wiederholt in dieser Zeit oft brabbelnd das Wort „Adi", und wir scherzen, dass sie damit das Baby im Bauch meint.

Erst in der neunten Schwangerschaftswoche habe ich meine erste Vorsorgeuntersuchung bei der Gynäkologin. Und dort kommt der Schock. Sie sagt, der Embryo sei zu klein und sie könne keinen Herzschlag finden. Für uns ist das wie ein Schlag ins Gesicht.

Weil ich es nicht richtig fassen kann, bestehe ich darauf, mich am nächsten Tag erneut untersuchen zu lassen. Doch auch bei dieser Untersuchung ist die Ärztin sicher, dass sich der Embryo in den letzten Wochen nicht richtig entwickelt hat und nicht lebt, weshalb sie mir eine Überweisung für eine Ausschabung gibt.

Wir fühlen uns, als würde Gott uns verarschen: Erst sagt er uns, dass wir trotz Verhütung und gegen unsere eigenen Pläne schwanger sind, und als wir uns gerade darauf eingelassen haben, lebt das Kind nicht mehr? Was soll dieser Scheiß? In uns breitet sich ein Gefühl völliger Verlassenheit und Sinnlosigkeit aus, als wären wir Spielfiguren von irgendetwas Größerem, das einfach nur willkürlich ist.

Meine Mutter rät uns, dem Baby trotz allem einen Namen zu geben. Ich finde das doof, weil ich denke: *Wir haben ja nichts. Wir können es noch nicht mal begraben. Es wird in der Klinik einfach in den Müll geworfen – schrecklich!*

Innerlich habe ich das Gefühl, mich auf das Kind noch nicht einmal richtig einlassen zu können, um ihm einen Namen zu geben. Dadurch würden doch der Trauerprozess und das Gefühl von Verlassenheit nur noch größer.

Und dann hat mein Mann, als ich von der Ausschabung aus der Klinik zurückkomme, das Gefühl, eine bestimmte Bibelstelle lesen zu sollen. Es stellt sich heraus, dass es ein Namensregister ist, was er zuerst total sinnlos findet. Doch dann sieht er, dass einer der ersten Namen „Adi" ist, dass das, was unsere kleine Tochter immer brabbelt, tatsächlich ein hebräischer Name ist, der sowohl Frauen als auch Männern gegeben wird.

Verdutzt findet er heraus, dass der Name: *Juwel, Schmuckstück* bedeutet. Da erinnere ich mich, dass ich morgens vor der OP einen Vers in der *Herrnhuter Losung* gelesen habe, der mir in dem Moment nicht viel gesagt hat. *Doch kam darin nicht auch Schmuckstück vor?*

Gemeinsam lesen wir den Vers aus Jesaja 62,3 (NBH) nochmal: „Du wirst ein Schmuckstück sein in Jahwes Hand, ein königliches Diadem, gehalten von deinem Gott."

Jetzt haut es uns um. Das Gefühl völliger Verlassenheit und Willkür verwandelt sich in die kaum anders zu erklärende Gewissheit: *Gott hat zu uns allen dreien geredet. Er macht uns deutlich, dass er uns sieht, und benutzt sogar unsere einjährige Tochter, um uns zu zeigen, dass er da ist und dieses viel zu früh gestorbene Kind ein Schmuckstück in seiner Hand ist. Es ist gesehen und nicht verloren.* Das gibt uns so einen tiefen Trost.

Für mich ist es, als würde Gott direkt zu mir sagen: „Ich sehe dieses Leben, es ist etwas ganz Wertvolles. Selbst wenn es in der Klinik ausgeschabt und weggeworfen wurde."

Schließlich bauen wir sogar noch ein kleines Grab, mit einem kleinen Kreuz und dem Namen darauf.

Heute habe ich das Gefühl, dass uns diese Erfahrung zum Segen geworden ist. Es ist ein so besonderes Erlebnis, dass Gott uns als ganze Familie angesprochen hat. Wenn wir uns wieder einmal nicht vorstellen können, dass Gott uns kleine Menschlein hier auf der Erde wirklich sieht, erinnern wir uns daran.

Rebekka und Sara

Zwei Schwestern mit Kinderwunsch

Rebekka und Sara sind Schwestern und Leidensgefährtinnen im unerfüllten Kinderwunsch. Sie erzählen, wie schwierig es für beide war, als eine von ihnen schwanger wurde und wie sie trotzdem ihre gute Beziehung aufrechterhalten konnten.

Rebekka (33) hat zwei Kinder, die vier und sechs Jahre alt sind. Seit drei Jahren wünschen sie und ihr Mann sich ein drittes Kind. Auch Paare, die bereits Eltern sind, können unter einem unerfüllten Kinderwunsch leiden. Rebekka kommt aus einer großen Familie und hat sich immer gewünscht, selbst einmal drei oder vier Kinder zu haben.

Ihre jüngere Schwester Sara (30) heiratet im Sommer 2014. Ein halbes Jahr später beginnen sie und ihr Mann mit der *Familienplanung*. Lange leiden sie still für sich und sprechen nicht mit anderen über ihren unerfüllten Kinderwunsch. Rebekka erwähnt hin und wieder, dass sie sich ein drittes Kind wünschen. Dass ihre Schwester sogar schon länger ähnliche Gefühle hat, ahnt sie erst einmal nicht, weil diese voll im Beruf steht und noch so frisch verheiratet ist.

Als ihr jüngerer Bruder bei einer Familienfeier 2017 verkündet, Nachwuchs zu bekommen, können sich die Schwestern nur sehr verhalten freuen. Zum ersten Mal ahnt Rebekka, dass Sara und ihr Mann auch Schwierigkeiten mit dem Kinderwunsch haben könnten. Die Schwestern sprechen allerdings nicht darüber. Sara hat Angst, dass das Ganze erst richtig real wird, wenn sie über ihren unerfüllten Kinderwunsch spricht und dass sie sich damit verletzlich macht.

Im Frühjahr 2018 erfährt Sara, dass sie unter Endometriose leidet. Von den vier Schweregraden, zwischen denen unterschieden wird, liegt bei ihr der leichteste vor. Dennoch sei die Krankheit noch nicht ausreichend erforscht, um Aufschluss darüber zu geben, inwieweit sie das komplette Milieu im Unterleib beeinflusse, erklärt ihr der Arzt im Kinderwunschzentrum. Die Fruchtbarkeit sei vermutlich in ähnlicher Weise eingeschränkt, egal unter welchem Schweregrad eine Frau leide. Er rechnet ihr deshalb nur sehr geringe Chancen aus, auf dem natürlichen Weg schwanger werden zu können, und rät zu einer IVF. Dennoch sei durch die Bauchspiegelung und das damit verbundene Durchspülen der Eileiter die Wahrscheinlichkeit in den kommenden sechs Monaten schwanger zu werden ein wenig erhöht.

Das Paar beschließt, es auf jeden Fall noch einige Monate auf natürlichem Weg zu probieren. Sie fühlen sich erst einmal mit all den Infos aus dem Kinderwunschzentrum überfordert. Sara gibt sich durch ihre Erkrankung nun die Schuld an ihrer Kinderlosigkeit, wodurch sie noch mehr Respekt vor möglichen Reaktionen ihrer Umgebung bekommt.

Leidensgefährtinnen

Im Sommer 2018 tauschen sich die Schwestern endlich über ihren unerfüllten Kinderwunsch aus. Sara erwähnt einen Arzttermin, und als Rebekka nachfragt, berichtet die Schwester vom Kinderwunschzentrum. In den kommenden Monaten sind die beiden Leidensgefährtinnen und können einander verstehen und emotional unterstützen.

Beide erleben, wie schwer es ihnen fällt, sich für Freundinnen und Verwandte zu freuen, die schwanger werden. Jedes Mal müssen sie sich sehr zusammenreißen, wenn sie wieder einmal mit einer Schwangerschaft konfrontiert werden. Denn viele der Frauen werden einfach so innerhalb kürzester Zeit schwanger, wohingegen die Schwestern nun schon mehrere Jahre auf einen positiven Schwangerschaftstest warten.

Sara hat immer wieder mit unsensiblen Kommentaren und Nachfragen zu kämpfen und erlebt es als sehr anstrengend, bei jeder Familienfeier vor dem Kinderthema auf der Hut zu sein und sich ihre inneren Kämpfe nicht anmerken zu lassen. Als sie schließlich im Herbst 2018 ganz direkt und unsensibel damit konfrontiert wird, beschließt sie, nun offensiv damit umzugehen.

Sie schreibt ihrer Familie, an welcher Stelle sie mit dem Thema Kinderwunsch gerade stehen, und auch, dass sie sich wünschen, darauf nicht angesprochen zu werden. Auf keinen Fall möchten sie, dass ständig Nachfragen kommen, ob sie vielleicht schwanger sei. Auf ihrer neuen Arbeit fällt es ihr leicht, mit dem Thema ganz natürlich umzugehen. Wenn Nachfragen kommen, sagt sie, dass sie sich Kinder wünschen, es bisher jedoch nicht geklappt habe. Damit ist das Thema in der Regel *vom Tisch*. Ihr Geheimnis nun öffentlich gemacht zu haben, fühlt sich für Sara wie ein Befreiungsschlag an, als wäre ihr eine schwere Last von den Schultern genommen worden, die nun von Freunden und Verwandten mitgetragen wird. Und natürlich gibt ihr niemand aufgrund ihrer Erkrankung die Schuld.

Auch Rebekka erlebt es als heilsam, offen mit ihrem Kinderwunsch umzugehen. Vor ihrem eigenen unerfüllten Kinderwunsch fiel es ihr sehr schwer, nachzuvollziehen, wenn Frauen in ihrem Umfeld mit starken Emotionen und sogar Kontaktabbrüchen auf ihre Schwangerschaften reagiert haben. Sie verstand nicht, dass diese es aufgrund ihres unerfüllten Kinderwunsches kaum aushalten konnten, von Schwangeren oder Kindern umgeben zu sein. Heute tut ihr das sehr leid.

Wenn sie über ihren unerfüllten Kinderwunsch spricht, erlebt sie, dass sehr viele Frauen darunter leiden und sich gerne darüber austauschen wollen. Anfangs war sie unsicher, was andere Frauen mit Kinderwunsch über ihren Kinderwunsch denken könnten, weil sie bereits zweifache Mutter ist. Sie vermutet, dass es für Paare, die sich sehnlichst ein Kind wünschen, sicherlich nicht immer leicht nachzuvollziehen ist, dass jemand, der schon zwei Kinder hat, dieselbe Sehnsucht empfinden kann. Auch bei ihrer Schwester Sara kommen hin und wieder diese Gedanken auf, doch im Austausch erlebt sie, wie sehr sich ihre Empfindungen ähneln.

Sara ist schwanger

Schließlich ist Sara im Januar 2019, im letzten Monat, bevor sie weitere Schritte im Kinderwuschzentrum gehen wollten, auf natürlichem Weg schwanger. Neben der großen Freude stellt sich gleichzeitig eine starke Verunsicherung ihrer Schwester gegenüber ein.

Sara: „Das war so ein riesiges Geheimnis und ich wusste überhaupt nicht, wie ich es ihr beibringen soll, so dass sie sich auch freuen kann. Es sind so viele Freunde in den Jahren unseres unerfülltem Kinderwunsches schwanger geworden. Jede dieser Nachrichten hat wirklich wehgetan. Im Moment des Verkündens wünschte ich mir eine Pausetaste, einen kleinen Moment, der mir Zeit gibt, mich irgendwie zu fangen. Weil ich wusste, wie krass es ist, auf dieser anderen Seite zu sitzen, habe ich mich Rebekka gegenüber jetzt total blöd gefühlt."

Ein paar Mal sehen sich die Schwestern in den ersten Wochen von Saras Schwangerschaft, doch diese findet keinen Weg, das Thema anzusprechen. Bei der Geburtstagsfeier eines Freundes begegnen sich die beiden und Rebekka wundert sich, dass Sara sofort das Thema wechselt, als sie ihr von der prompten Schwangerschaft gemeinsamer Freunde berichtet. Als Sara und ihr Mann sie mit ihrem Mann unbedingt an einem bestimmten Wochenende treffen wollen, schöpft sie schließlich Verdacht.

Sara: „Das Blöde war, dass wir schon Karten an unsere Familien losgeschickt hatten, auf denen man das Ultraschallbild freirubbeln konnte. Ich wusste, die kommen bald an, und wollte nicht, dass Rebekka das von jemand anderem erfährt, weshalb wir uns kurzfristig treffen mussten. Ich wusste auch, dass Rebekka gerade

PMS hat und das wirklich ein ungünstiger Zeitpunkt ist. Das war dann für uns beide ganz schlimm, eigentlich sogar unerträglich."

Rebekka: „Wir haben uns zu einem Spieleabend getroffen, und ich habe mich die ganze Zeit gefragt, ob sie uns noch etwas sagen wollen. Irgendwann war es schon richtig spät. Als ich dachte, dass sie sicher bald gehen werden, holte Sara eine Karte hervor. Da habe ich gedacht: *Okay, jetzt ist es so weit, jetzt muss ich alles in mir zusammenreißen*. Und ehrlich gesagt wollte ich diese Karte gar nicht aufrubbeln. Ich dachte: *Ich weiß schon, was darunter ist, und ich möchte es überhaupt nicht sehen*. Am liebsten wäre ich da schon ins Bett gegangen.

Mein Mann hat das Bild schließlich freigerubbelt und wir haben uns dann auch irgendwie gefreut. Ich habe mich extrem zusammengerissen und gleichzeitig ein schlechtes Gewissen bekommen, weil ich mich nicht wirklich freuen konnte. Mein Mann hat wahrscheinlich irgendwelche Horrorgeschichten über Babys erzählt, um die Situation aufzulockern.

Wie hast du die Situation denn eigentlich empfunden und wie hast du mich wahrgenommen, Sara?"

Sara: „Naja, eure Freude schien sehr verhalten. Ich wusste ja schon vorher, dass es einfach der schlechteste Zeitpunkt der vergangenen Wochen war, und ich hab mich innerlich geohrfeigt, es dir nicht einfach schon viel früher gesagt zu haben."

Rebekka: „Ich habe mich im Nachhinein gefragt, ob ich es dir durch mein Verhalten nicht auch schwer gemacht habe. Du hattest ja Angst, es mir zu sagen, und damit habe ich in gewisser Weise selbst dafür gesorgt, dass es ein schlechter Zeitpunkt wurde.

Als ihr euch dann verabschiedet habt und gegangen seid, habe ich richtig dolle geheult. Das war für mich wirklich richtig schlimm und ich habe nicht gewusst, wie ich jetzt weiter damit umgehen und Kontakt mit dir haben soll. Da war auch dieser Gedanke, noch eine Verbündete verloren zu haben und mit meinen Gefühlen wieder ganz allein auf der Welt zu sein.“

Wieder zueinander finden

Vom Kopf her möchte Rebekka sich für Sara freuen, die ja so lange auf eine Schwangerschaft gewartet hat und der nun weitere Schritte im Kinderwunschzentrum erspart bleiben. Dennoch ist diese Nachricht für sie unter allen Schwangerschaftsnachrichten der schwerste Schlag, weil sich die beiden so nahestehen. Auch fällt es Rebekka nicht leicht zu verdauen, dass sie sich bis dahin schon mehrfach gesehen haben, Sara ihr aber nicht von der Schwangerschaft erzählt hat. Auf beiden Seiten sind Verletzungen, die nun zwischen ihnen stehen.

Rebekka hat das Gefühl, unbedingt noch mal mit ihrer Schwester darüber sprechen zu müssen, was ihr jedoch sehr schwer fällt. Deshalb entschließt sie sich, ihr einen Brief zu schreiben. Sie schreibt ganz offen von ihren Gefühlen, und dass der Abend für sie einfach ein sehr ungünstiger Zeitpunkt war. Dass sie sich aber wünscht, sich für Sara freuen zu können und unbedingt ihre gute Beziehung aufrechterhalten möchte.

Sara antwortet ihr mit einem Brief und danach fällt es den beiden Schwestern leichter, wieder unverkrampft miteinander und mit dem Thema umzugehen. Sara stellt Rebekka Fragen zu ihren Schwangerschaften, und Rebekkas Gefühle folgen immer mehr ihrer Kopfentscheidung, sich mit ihrer Schwester auf das Baby zu freuen. Sie entschließt sich sogar, eine Babyparty für sie zu organisieren.

Als die Geburt immer näher rückt, erlebt Rebekka, dass ihr eigener Kinderwunsch langsam leichter zu tragen wird. Zum ersten Mal hat sie ihre Tage, ohne sich dabei schlecht zu fühlen, und es kommen immer mal wieder Gedanken auf, dass es vielleicht auch okay ist, nicht noch mal schwanger zu werden. Jetzt, wo ihre Große schon eingeschult und auch der Kleine aus der Babyphase raus ist, genießt sie Freiheiten, die sie mit einem Baby nicht hätte.

Ihre Kinder freuen sich sehr auf den kleinen Cousin, der nur ein paar Straßen weiter wohnt und für den sie sich schon Namen überlegen. Als der Kleine dann da ist, kann auch Rebekka sich über das neue Baby in der Familie freuen, das sie auf den Arm nehmen, aber auch wieder abgeben kann, um selbst ruhige Nächte zu genießen.

Rebekka: „Sara war bei meinen Kindern von Anfang an immer ganz nah dran. Wir haben uns ganz viel gesehen, als die Kinder klein waren, und auch jetzt noch. Sie ist für meine Kinder die drittwichtigste Bezugsperson und da hab ich mir gesagt, dass ich das auch gerne für ihre Kinder sein möchte. Das wollte ich uns beiden nicht kaputtmachen."

Im Rückblick sagt Sara, dass sie ihren unerfüllten Kinderwunsch schon früher öffentlich gemacht hätte, wenn sie noch einmal entscheiden könnte. Auch würde sie ihrer Schwester bei einer weiteren Schwangerschaft eher davon erzählen.

Rebekka findet es sehr wichtig, offen mit ihren Gefühlen umgehen zu können. Genauso, wie ihre Freundinnen sich wünschen, dass sie sich mit ihnen über ihre Schwangerschaften freut, wünscht sie sich, dass diese auch mal mit ihr traurig sind.

Sara ist glücklich mit ihrem kleinen Sohn und lernt jeden Tag besser damit umzugehen, dass das Leben nicht immer nach den eigenen Vorstellungen und Plänen verläuft.

Rebekka hat das Gefühl, dass für sie entschieden wurde, eine typische Kleinfamilie zu haben, obwohl sie sich immer eine große Familie gewünscht hat. Ihr Bruder hat einen Monat nach Sara ein zweites Kind bekommen, und dann gibt es auch noch einen jüngeren Bruder, bei dem das Thema noch nicht aktuell ist.

Vielleicht, denkt Rebekka, *fällt es mir auch immer leichter, mich über das Wachstum der Familie zu freuen, selbst wenn es nicht in meinem eigenen Bauch stattfindet.* Über ihre Gedanken zu einem fruchtbaren Leben, auch ohne eine Schwangerschaft, schreibt sie im nächsten Kapitel.

Rebekka Schwaneberg

Eine fruchtbare Verbindung

(Zuerst erschienen auf: mamaabba.de)

Neun Monate nach der Geburt unserer Tochter hielt ich erneut einen positiven Schwangerschaftstest in der Hand. Bei unserem ersten Termin in dieser Schwangerschaft sagte meine Frauenärztin einen Satz über meinen Mann und mich, den ich seitdem nicht vergessen habe: „Das ist ja eine fruchtbare Verbindung!" Wir waren glücklich und irgendwie stolz auf diese Aussage. Und wir dachten, wenn wir nicht *aufpassten* würden, wir uns vor Nachwuchs gar nicht retten könnten ... Deshalb warteten wir nach der zweiten Entbindung ein paar Monate länger, bevor wir es mit einem dritten Kind versuchten.

Das war vor drei Jahren. Seitdem warten wir, und Monat für Monat zerschlägt sich meine Hoffnung. Der Satz von damals klingt mir noch immer im Ohr; er hat für mich inzwischen aber einen anderen Ton. Ich frage mich: *Ist das zwischen meinem Mann und mir keine fruchtbare Verbindung mehr? Und was bedeutet das überhaupt – fruchtbar sein?*

Das erste Gebot Gottes an die Menschheit beinhaltet genau dieses Wort: „Seid fruchtbar und mehret euch."

Das ist etwas Gutes, Verheißungsvolles! Wir sind als Menschen dazu geschaffen, Frucht zu bringen, uns zu vergrößern, unser Gebiet zu erweitern und Leben weiterzugeben. Das ist ein wunderbares Geschenk.

In den letzten drei Jahren habe ich gelernt, dass nicht wenige Frauen, nicht wenige Paare an dieser göttlichen Aufforderung verzweifeln. *Was ist denn mit all denen, die sich nicht „mehren" können? Bei denen es Monat für Monat nicht „klappt"? Die ihre Kinder verlieren, noch bevor sie überhaupt geboren werden? Die mit der Diagnose „unfruchtbar" leben müssen? Bin ich unfruchtbar? Lebe ich in einer unfruchtbaren Beziehung?*

Diese Fragen habe ich mir gestellt. Und ich habe verschiedene Antworten darauf gefunden. Antworten, die keinen Anspruch darauf erheben, vollständig oder allgemeingültig zu sein. Es sind meine Gedanken und Worte Gottes, die mich angesprochen haben – nicht mehr und nicht weniger.

Fruchtbarkeit

In der Bibel lesen wir an vielen Stellen von Frauen, die zunächst nicht schwanger werden können und dann doch durch Gottes Eingreifen ein Kind (oder sogar mehrere Kinder) zur Welt bringen. Ich denke an Sara, an meine Namenspatin Rebekka, an Rahel, Hanna und Elisabeth. Sie alle haben ein Wunder erlebt: Gott wandelte ihre Unfruchtbarkeit in Fruchtbarkeit. Diese Geschichten sind Trost und Herausforderung zugleich!

Es geht in der Bibel (und damit auch in unserem alltäglichen Leben) aber um noch so viel mehr als diese biologische Form von Fruchtbarkeit. Jesus spricht immer wieder davon, dass wir dazu berufen sind, *Frucht zu bringen* – und dass wir nur dann *Frucht bringen* können, wenn wir *in ihm bleiben und er in uns*! Und die *Frucht*, die wir in der Beziehung zu ihm bringen, ist eine unvergängliche, die über diese Erde hinaus Bestand hat (Johannes 15,1–16). Das ist eine ganz andere Dimension von Fruchtbarkeit!

Mein Körper ist vergänglich. Er ist nicht perfekt. Er scheint aktuell nicht (mehr) dazu in der Lage zu sein, eine *Leibesfrucht* hervorzubringen. Darunter leide ich. Aber für die Ewigkeit hat diese Tatsache keine Relevanz. Mein Körper wird sterben, er wird zu Erde verfallen. Egal, ob er zwei Kinder zur Welt gebracht hat, oder drei oder vier oder gar keins.

Trotzdem ist mein Körper nicht *unnütz*. Ich kann mit meinem Körper, den Gott mir geschenkt hat, der ein *Tempel des Heiligen Geistes* ist, gute *Früchte* bringen, die nicht vergehen. Indem ich bereit bin, meine Kräfte, meine Fähigkeiten, meine Zeit und Ressourcen so einzusetzen, wie Gott es sich gedacht hat und wie es ihn ehrt. Ich kann für die da sein, die mich brauchen, kann ihnen *mein Ohr leihen* und meine Schulter; ich kann zupacken und *eine extra Meile gehen* und einen Topf frisch gekochtes Essen vor die Tür stellen. All das sind gute *Früchte*, die im Leben eines anderen Menschen etwas bewirken, die einen Unterschied machen!

Ich kann *Frucht* bringen in den Beziehungen, in die ich gestellt bin. Das ist eine große und schöne Aufgabe, unabhängig davon, ob eine Beziehung zu eigenen Kindern dazu gehört oder nicht. Wir alle sind in vielfältige Beziehungen gestellt und damit reich beschenkt.

Jeden Tag danke ich Gott für die zwei Kinder, die ich habe. Ich glaube, dass die Zeit des unerfüllten dritten Kinderwunsches ganz entscheidend dazu beiträgt, dass ich für meine Kinder dankbar bin und die Zeit mit ihnen mehr genießen kann. Ich nehme sie nicht mehr als selbstverständlich hin.

Im Galaterbrief beschreibt Paulus die *Frucht des Geistes*: Liebe, Freude, Friede, Geduld, Freundlichkeit, Güte, Glaube, Sanftmut, Selbstbeherrschung. Diese *Früchte* möchte ich wachsen lassen – im Zusammenleben mit meinen Kindern und meinem Mann, mit meinen Eltern und Geschwistern, mit meinen Freunden und Bekannten und Nachbarn. Mit den Menschen, die mich aufbauen und bereichern, und auch mit denen, die mich herausfordern. Es ist diese *Frucht*, die ich nur dann bringen kann, wenn ich *in Jesus bleibe und er in mir*. Die dann wächst und gedeiht, wenn ich der Beziehung zu Jesus höchste Priorität einräume.

Auch wenn sich der Wunsch nach einem weiteren Kind (noch) nicht erfüllt hat, so weiß ich mich doch reich beschenkt. Ich bin gerne Mutter, aber ich bin noch so vieles andere! Gott hat mir Gaben gegeben, mit denen ich *wuchern* darf und mit denen ich *Frucht bringen* kann. Ich stehe in Beziehung zu vielen verschiedenen Menschen in unterschiedlichen Lebensbereichen und -phasen: Da sind unsere Nachbarn und die anderen Eltern aus Kindergarten und Schule. Da sind die Jugendlichen im Hauskreis, den mein Mann und ich leiten. Da sind meine Eltern und Geschwister und die Familie meines Mannes. Da sind langjährige Freunde in nah und fern …

Auch beruflich darf ich wachsen: Ich habe mich vor einem Jahr mit meinem Online-Shop *LoveLetter* selbstständig gemacht und bin sehr glücklich, die Möglichkeit zu haben, meine Kreativität ausleben und anderen damit eine Freude machen zu können! (Eine Möglichkeit, die ich zu diesem Zeitpunkt nur wahrnehmen kann, weil meine Kinder inzwischen groß genug sind und ich mich nicht um einen Säugling zu kümmern habe ...) Immer wieder erlebe ich, dass meine Bilder und Briefe, die ich gestalte, und auch die Texte, die ich auf meinem Blog veröffentliche, auf *fruchtbaren Boden* fallen und etwas bewirken. Das ist ein großes Geschenk!

Und eine *fruchtbare Verbindung* – die können mein Mann und ich nach wie vor miteinander haben. Unabhängig von der Anzahl unserer Kinder. Auch dann, wenn unser dritter Kinderwunsch unerfüllt bleibt.

Wir dürfen wachsen in der Liebe und im Verständnis zueinander, im gegenseitigen Respekt und indem wir einander unterstützen, wo wir können.

Wir sind *fruchtbar*, indem wir gemeinsam an Jesus bleiben und uns von ihm *formen lassen*.

Wir sind *fruchtbar*, wo wir als Familie und als Eltern wachsen, aus unseren Fehlern lernen, uns entschuldigen, miteinander lachen, schöne Erinnerungen und Rituale schaffen.

Wir sind *fruchtbar*, wo wir unser Zuhause für andere öffnen und für die da sind, die uns brauchen; wo wir Freundschaften pflegen und auch im Kleinen treu sind.

Wir sind *fruchtbar*, wo wir unsere Gaben für *Gottes Reich* einsetzen, in der Gemeinde und darüber hinaus.

Eine *fruchtbare Verbindung* besteht nur da, wo Jesus mit im Bunde ist. Dies gilt für Singles ebenso wie für Paare und für Familien! Die Beziehung zu Jesus ist die Basis und der entscheidende Faktor dafür, ob ein Leben *fruchtbar* ist oder nicht.

Ich lasse mich nicht länger davon bestimmen, was ich nicht habe.

Ich streife die Diagnose *unfruchtbar* von mir ab wie eine alte Haut.

Stattdessen will ich mich von Gottes Wahrheit bestimmen lassen, will mich nach Ihm ausstrecken und nach den *Früchten*, die er in meinem Leben schaffen möchte.

Über Rebekka

Ich bin Rebekka und lebe mit meinem Mann und unseren zwei Kindern (4 und 6 Jahre) in Berlin. Im Juli 2018 habe ich mich mit meinem Kreativ-Label *LoveLetter* selbstständig gemacht und verkaufe über meinen Etsy-Shop Schönes fürs Auge und Ermutigendes fürs Herz. Mehr über mich findet ihr auf meinem Blog https://rebekkasloveletter.de/blog.

Katharina* und Felix*

Wir führen auch ohne Kinder ein erfülltes Leben

Katharina und Felix lerne ich durch ein anderes Paar aus diesem Buch kennen. Unser Gespräch führen wir via Skype, da sie in einer anderen Stadt leben. Die beiden sind mir gleich sympathisch und schildern mir lebhaft ihre Geschichte.

Das Thema des Gemeinschaftsabends einer katholischen Lebensgemeinschaft, der Katharina und Felix angehören, ist *Agape-Liebe.* Die göttliche Liebe, die auch zwischen den Menschen eine Verbindung schaffen soll. Rücken an Rücken sitzen die Mitglieder der Gemeinschaft in zwei Stuhlkreisen. Nun sollen sie sich einander zuwenden und gegenseitig die Füße mit einem Handtuch abtupfen, um die Fußwaschung Jesu an seinen Jüngern nachzuempfinden. Dass ausgerechnet Katharina und Felix die Übung miteinander machen sollen, ist beiden höchst unangenehm. Am liebsten würde sie zu einer anderen Frau und er zu einem anderen Mann flüchten. Die beiden kennen sich seit Jahren durch die Gemeinschaft, doch heute, während sie sich gegenseitig die Füße tupfen, springt auf einmal der Funke zwischen ihnen über. Die *Agape-Liebe* verwandelt sich schnell in eine menschliche, und bald sind die beiden ein Paar.

Zwei Jahre später hat Katharina kurz vor ihrer Hochzeit den Eindruck, dass sie kinderlos bleiben könnten. Sie spricht Felix darauf an: „Was ist, wenn wir keine Kinder bekommen? Liebst du mich auch dann noch und möchtest mich heiraten?"

Felix' Antwort ist eine Entscheidung, die in den kommenden Jahren an Bedeutung gewinnen soll: „Ich nehme dich mit allem, was du hast und mit dem, was du nicht hast. Ich liebe dich, so wie du bist. Wenn wir keine Kinder bekommen, werde ich das akzeptieren. Ich heirate ja keine Gebärmaschine, sondern die Frau, die ich liebe."

Bei ihrer Hochzeit ist Felix 30 und Katharina 37 Jahre alt. In Katharinas Kopf schwirrt noch ihre lang gehegte Lebensvorstellung von einer Familie mit drei Kindern, einem Haus und einem Hund. Auch Felix ist es wichtig, Leben in eine weitere Generation zu bringen. Nach ihnen soll es mit der großen Familienlinie weitergehen. Wegen ihres Alters verschreibt ihre Gynäkologin Katharina gleich fruchtbarkeitsunterstützende Hormone. In einem der darauffolgenden Zyklen hat Katharina eine so heftige Blutung, dass sie mit Verdacht auf eine Fehlgeburt ins Krankenhaus fahren.

Katharina: „Das Komische war, diese Nachricht Fehlgeburt wäre nicht unbedingt etwas Negatives für mich gewesen, sondern ich hätte mich sogar darüber gefreut – so komisch sich das anhört. Selbst wenn es eine Fehlgeburt gewesen wäre, hätte ich das Gefühl gehabt, ein Kind zu haben. Auch wenn es nicht lebt und ich es nicht in den Arm nehmen kann."

Es stellt sich jedoch heraus, dass sie keine Fehlgeburt hatte, dass aber durch die Hormone die Gebärmutter für eine Schwangerschaft vorbereitet wurde, sodass Katharina sogar eine Ausschabung braucht. Für die beiden ist das ein ganz schön anstrengendes Gefühlschaos, woraufhin sie sich Gedanken machen: *Brauchen wir eigentlich mit aller Gewalt ein Kind? Das soll ja kein Statussymbol sein, sondern ein Geschenk Gottes und Ausdruck unserer Liebe.*

Später lässt Katharina sich in einer Spezialklinik untersuchen, wo ihr gesagt wird, dass es keinen Sinn habe, weiterhin zu versuchen schwanger zu werden. Sie habe leider keine Eizellen mehr. Katharina ist geschockt. Was bei anderen Frauen in den Wechseljahren gegen Ende ihrer Vierziger passiert, ist in ihrem Körper schon jetzt der Fall. Das Angebot einer nahestehenden Person, ihr eine Eizelle zu spenden, lehnen die beiden dankend ab. Es würde sich für sie anfühlen, als würden sie *Gott ins Handwerk pfuschen,* um ihr eigenes Bedürfnis nach einem Kind zu befriedigen.

Relativ schnell beschließen sie, sich bei der zuständigen Behörde über die Möglichkeiten einer Adoption und die Aufnahme von Pflegekindern zu informieren. Die Beraterin ist sehr angetan von dem Paar, wittert ihre guten Qualitäten als Eltern und legt ihnen eine Infoveranstaltung zur Pflegeelternschaft ans Herz. Zu einer Adoption macht sie ihnen aufgrund ihres Alters weniger Hoffnungen. Nach dem Gespräch ist trotz ihrer guten Voraussetzungen für beide klar: *Nein, das ist nicht unser Weg.* Unabhängig voneinander haben sie dieses Gefühl.

Katharina: „Uns war klar: sowohl eine Adoption als auch Pflegekinder sind noch mal eine andere Geschichte. Du ziehst nicht von klein auf dein eigenes Kind groß, sondern kriegst ein Kind, das eine Geschichte mit sich bringt. Unser Punkt war nicht, Angst vor zu viel Arbeit zu haben, sondern wir haben gewusst: Man braucht dafür eine Berufung. Du kannst nicht einfach sagen, ich will Kinder haben, und deswegen hol ich mir jetzt ein Pflegekind oder adoptiere ein Kind."

Auch nach eingehenden Gesprächen und Gebeten mit Freunden und ihren geistlichen Begleitern spüren sie eine solche Berufung nicht. Deshalb entscheiden sie sich gegen diesen Weg.

Nun bricht die Trauer in ihnen durch: *Wir werden ungewollt kinderlos sein.* Obwohl Felix ihr nicht die Schuld gibt, fühlt Katharina sich manchmal schlecht, weil es an ihr liegt. Sie macht sich Gedanken, ob sie etwas hätte anders machen können.

Felix bleibt bei seiner Entscheidung, die er ihr immer wieder zuspricht: „Ich liebe dich mit allem was du hast und was du nicht hast."

Gemäß einer Vision, die sie am Anfang ihrer Ehe hatten – sie gingen Hand in Hand am Strand spazieren, und jedes Mal war einer von ihnen vorn und zog den anderen mit sich –, stützen sie sich in ihrer Trauer gegenseitig. Wenn einer von ihnen gerade *im Loch hängt*, baut ihn der andere auf und versucht seinen Blick auf all das Gute und die Möglichkeiten in ihrem Leben zu lenken. Wenn sie einmal beide *im Loch hängen,* erinnern sie sich an diese Vision und bemühen sich, dafür zu sorgen, dass wenigstens einer wieder *herausklettert.*

Auch ohne eigene Kinder hat das Paar die Wahrnehmung, dass sie jungen Menschen, Kindern und Jugendlichen etwas geben können. Sie sind ausgebildete Coaches und nehmen derzeit an einer Supervisorenausbildung teil. Schon seit einigen Jahren leiten sie gemeinsam die Jugendarbeit in ihrer Gemeinschaft. Junge Menschen an der Schwelle zum Berufsleben wenden sich an sie.

Auch Eltern bitten sie manchmal um Rat für den Umgang mit ihren Kindern.

Felix erklärt: „So ein Blick von außen ist manchmal gar nicht schlecht, dafür braucht man nicht unbedingt eigene Kinder."

Dennoch nagen immer wieder Gedanken an ihnen: *Sind wir ohne Kinder überhaupt eine richtige Familie?* Außerdem liegen noch einige Hürden vor ihnen: *Wie erzählen wir es unseren Familien und unseren Freunden?*

Mit dieser Frage wenden sie sich an die therapeutisch versierte Leitung ihrer Gemeinschaft und schmieden Pläne für ihren Umgang mit den Erwartungen ihrer Familien. Sie wollen sich nicht jedem gegenüber verletzlich machen, entscheiden aber, dass sie grundsätzlich offen mit ihrem Thema umgehen wollen. Immer wieder erleben sie, dass sich auch Freunde öffnen und ihre Geschichten erzählen, wenn sie den ersten Schritt tun. Sie erfahren, wie sich diese Freundschaften gerade am Thema *unerfüllter Kinderwunsch* vertiefen und wachsen.

Eine Zeit lang wünschen sich die beiden einen Hund. Felix denkt: *Was tue ich gegen das Gefühl der Trauer und der leeren Wohnung? Ach, wenn hier so ein Fellknäuel rumwuseln würde, wär das doch ganz schön.*

Als sie sich im Tierheim einen Vierbeiner aussuchen, sagt man ihnen, dass sie den Hund erst abholen könnten, wenn sie 14 Tage am Stück zu Hause seien, damit sich der Hund gut bei ihnen einleben könne. Daran scheitert schließlich das *Projekt*, denn diese 14 Tage finden die beiden in ihren Kalendern nicht.

Mittlerweile sehen sie es als Gottes Führung, denn auch ein Hund könnte sie von ihren eigentlichen Aufgaben ablenken und locker zwei Stunden am Tag in Anspruch nehmen. Schließlich müssen sie sich eingestehen, dass ihre Freunde recht mit der Vermutung hatten, ein Hund sei eine Ersatzbefriedigung, die nicht nur Vorteile mit sich bringen würde. Und wenn sie ehrlich sind, passt so ein vierbeiniger Mitbewohner im Moment nicht in ihr volles Leben, was nicht heißt, dass sich die Zeiten einmal ändern können. Denn der Wunsch nach einem Hund bleibt.

Obwohl Katharina ein emotionaler Mensch ist, findet sie recht schnell einen intellektuellen Umgang mit ihrer Kinderlosigkeit. Sie sagt sich: *Das ist jetzt halt so, stell dich nicht so an.* Doch Monate später zeigt ihr Körper, dass sie damit ein wenig zu schnell war. Er fordert Raum für Trauer und Auseinandersetzung mit dem Thema, was sich bei ihr durch Rheumaschübe äußert.

Katharina sperrt sich zuerst gegen die Psychologisierung ihrer Krankheit, muss aber später feststellen, dass ihre Freundin recht hatte mit ihrer Annahme: „Du verarbeitest jetzt deinen nicht erfüllten Kinderwunsch." Denn nach dieser Episode bleiben nun schon seit sieben Jahren weitere Rheumaschübe aus.

Das Paar ist dankbar, dass sich bei ihnen die unerfüllte Kinderwunschzeit nicht ewig in die Länge gezogen hat, weil sie schon nach eineinhalb Jahren mit dem Thema abschließen konnten. Sie mussten nicht, wie viele andere Paare, immer wieder die Gefühlsachterbahn von Hoffen und Enttäuschung erleben. Und ihre Beziehung wurde durch den gemeinsam erlebten Schmerz, durch den sie gegangen sind, und den Verlust, den sie verarbeitet haben, gestärkt.

Als Schlüssel für ihre Verarbeitung sehen sie, dass sie ganz bewusst benannt haben, dass das *Kapitel Kinderwunsch* für sie erledigt sei, sodass es für beide klar war. Schöngeredet haben sie sich deshalb ihre Kinderlosigkeit trotzdem nicht. Auch das Ausschlafen am Wochenende oder eine höhere Flexibilität seien für sie kein Ersatz für ein Kind.

Felix, der als Ingenieur für das Internationale Projektmanagement einer Maschinenbaufirma zuständig ist, sagt, er erlebe mittlerweile ihr Defizit manchmal sogar als Plus. Durch ihre Geschichte habe sich sein Blick auf Familien geändert. Seitdem es für ihn nichts Selbstverständliches mehr ist, Kinder zu haben, könne er sich viel mehr mit jeder Familie freuen. Er sehe Kinder als kostbare Geschenke. Selbst dieses Geschenk nicht bekommen zu haben, schmerze zwar noch manchmal, er erlebe es jedoch nicht mehr als Verlust: „Das Leben geht trotzdem weiter. Nicht mit Menschen, die wir selbst gezeugt haben, aber mit anderen Menschen, denen wir etwas mit auf ihren Lebensweg geben: durch uns und das, wie wir sind."

Für die Jugendlichen in seiner Gemeinschaft nimmt Felix in gewisser Weise die Rolle eines Papas ein, der ihnen hilft, ihren eigenen Weg zu finden. Somit gibt er das Gute, das in ihm steckt, an andere weiter. Das sei für ihn ein Trost, jedoch keine Erklärung für ihre Kinderlosigkeit. Bis zur Lebensmitte habe er sich vor allem mit dem beschäftigt, was er im Leben alles noch erreichen wolle. Jetzt, wo er sich der Vierzig nähert, beschäftige er sich eher mit dem, was zähle und im Leben bleibe.

Sein derzeitiges Fazit lautet: „Das letzte Hemd hat keine Taschen und das, was wir mitnehmen, sind unser Charakter und unsere Beziehungen. Daran lohnt es sich, zu arbeiten."

Auch Katharinas Sichtweise auf das Leben und Gott haben sich durch ihre Geschichte geändert. Die Heilerziehungspflegerin arbeitet in einer Wohngruppe für Menschen mit Schwerst-Mehrfachbehinderungen: „Ich habe nicht das Recht auf irgendwas – auf eine glückliche Ehe oder ein Haus, drei Kinder und einen Hund. Ich kann dankbar sein für das, was ich bekomme. Es ist nicht selbstverständlich, einen Mann zu haben, der mit mir auch die negativen Dinge trägt. Einen Mann, der da ist und mich nimmt, wie ich bin, der den Glauben und die gleichen Grundwerte mit mir teilt. Darüber kann ich dankbar und glücklich sein. Wenn es keine Kinder gibt, dann ist das kein Minus in meinem Leben, sondern es kommt auf die Sichtweise an. Ich entscheide mich, für das dankbar zu sein, was ich bekommen habe."

Nicht immer konnte Katharina das so sehen, es gab auch Zeiten, in denen sie Gott angeklagt hat: „Ich will aber vielleicht nicht das, was du willst." Sie fühlte sich von Gott überfordert oder hatte das Gefühl, er wisse nicht genau, was ihr liege. Wenn sie sich die vielen ungewollten Kinder auf der Welt vor Augen führte, machte sie das traurig, und sie fragte sich, warum sie nicht ein gewolltes bekommen könne.

Heute spricht sie von einer Ahnung, dass sie als Paar auch noch in anderer Hinsicht Verantwortung übernehmen werden, vielleicht Leitungsaufgaben: „Man kann im Leben nicht alles haben. Wer eine gute Mutter oder ein guter Vater für seine Kinder sein will, braucht dafür viel Zeit, die dann für andere Dinge fehlt." Sie hat erkannt, dass es wichtig ist, seinen Wert nicht durch Äußerlichkeiten oder erreichte Ziele bestimmen zu lassen. Vielmehr will sie zu sich selbst stehen und sich ihren von Gott gegebenen Wert vor Augen halten. Sie will das Gute in sich und ihren Möglichkeiten sehen.

Das geht zwar nicht von heute auf morgen, sondern bedarf eines Prozesses, in dem sie Geduld hat und sich immer wieder sagt: „Es ist ok, wie es jetzt ist."

Wenn die Traurigkeit trotzdem zwischendurch noch einmal hochkommt, vor allem, wenn sie kleine Babys sieht und denkt: *Oh, ich möchte auch eins,* entscheidet sie sich dafür, dankbar für das zu sein, was sie hat. Sie versucht bewusst, Gefühle von Neid abzulegen und den anderen zu gönnen, was sie haben.

Das Paar kann heute von ganzem Herzen sagen, dass sie auch ohne Kinder das Gefühl haben, ein erfülltes Leben zu führen. Sie leben ihre Gaben dort aus, wo sie gerade sind und freuen sich auch auf die Aufgaben und Möglichkeiten, die noch kommen werden.

Barbara

Von Gott beschenkt

Barbara ist eine der Ersten, die mir nach meinem ersten Abort ihre Geschichte erzählt, um mir Hoffnung zu machen. Ich kenne sie aus der evangelischen Freikirche, bei der ich zu dieser Zeit für ein Wohnungslosenprojekt angestellt bin. Eine Frau mit viel Herz und Charisma, die keinen leichten aber einen Wunder-vollen Kinderwunschweg erlebt hat – für manche vielleicht zu Wunder-voll. Aber sie kennt nicht nur Wunder, sondern genauso auch ihr Ausbleiben. Für das Buch besuche ich sie in ihrer Berliner Wohnung, in der sie mittlerweile ganz allein und glücklich lebt. Ihr Herz liegt ihr auf der Zunge, weshalb sie ihre Geschichte selbst erzählt. So ähnlich wie in ihren Vorträgen, die sie in ganz Deutschland hält.

Eine harte Diagnose

1981, nach unserer Hochzeit, gehen wir ganz selbstverständlich davon aus, bald eine Familie zu werden. Darüber machen wir uns gar keinen Kopf. Wir sind beide voll berufstätig. Dazu muss ich mich im großen Berlin einleben und die für mich neue Gemeinde kennenlernen, um dort schnell voll *eintauchen* zu können. An den Wochenenden haben wir sehr oft Besuch aus meiner alten Heimat. Ich bin 21, mein Mann zehn Jahre älter. Wir sind sehr aktiv und machen uns noch keine Gedanken übers *Schwanger-werden*, sondern leben und lieben einfach fröhlich vor uns hin. Passieren tut aber nichts.

Nach vier Jahren fragt mich ein lieber Freund: „Sag mal Barbara, jetzt seid ihr ja auch schon ein paar Tage verheiratet, wollt ihr eigentlich gar keine Kinder haben?"

Ich: „Doch, natürlich wollen wir Kinder!"

Er: „Habt ihr euch mal untersuchen lassen?"

Auf diesen Gedanken waren wir in unserem vollen Leben noch gar nicht gekommen. In der Gemeinde kommt zwar immer mal jemand mit einem *blöden Kommentar um die Ecke*, wenn ich ein fremdes Kind auf dem Arm habe: „Na, musst du dich mit fremden Federn schmücken?", oder: „Könnt ihr das nicht selber machen?", aber das hat uns bis dahin nicht irritiert.

Dieses Gespräch ist dennoch wie eine Weckruf, sodass wir beginnen, uns untersuchen zu lassen. Ich gehe zuerst zum Arzt. Bei mir ist alles in Ordnung. Dann ist mein Mann dran, was schon ein mittelmäßiger Angang für ihn ist, doch er macht es, weil wir uns beide Kinder wünschen. Es stellt sich heraus, dass er leider zeugungsunfähig ist. Da schwimmen vielleicht zweieinhalb Spermien herum, und außerdem hat er eine Krampfader, die die Temperatur am Hoden so erhöht, dass auch die noch *plattgekocht* werden. Eine Medikamentengabe verändert den Zustand nicht.

Schließlich liegt er auf dem OP-Tisch, um die Krampfader veröden zu lassen. Bei der Voruntersuchung sind sie minimalinvasiv über die Leiste gut an die Ader herangekommen, doch beim eigentlichen Eingriff gelingt das nicht mehr. Stattdessen wollen sie nun operieren. Wir entscheiden uns dagegen. Die Gefahr, nicht nur keine Kinder, sondern auch keinen Spaß mehr miteinander haben zu können, erscheint uns zu groß. Das ist hart für uns. Sehr hart!

Künstliche Befruchtung oder andere Wege, zu einem eigenen Kind zu kommen, sind für uns kein Thema. Wenn Gott uns kein Kind schenkt, wollen wir das als Zeichen sehen, ein Kind zu adoptieren. Ohne viel zu diskutieren sind wir uns darüber sehr schnell einig.

Wir beschließen, die Sache noch einmal mit viel Gebet und Entspannung anzugehen. Vorher haben wir gar nicht explizit für ein Kind gebetet, aber jetzt ist das sehr präsent. Wir haben vier Wochen Urlaub und fliegen auf eine kleine Insel. Zu Gott sagen wir: „Okay, hier sind wir. Wir möchten so gerne und wir wissen, du bist der Herr des Lebens. Sollten wir in den kommenden vier Wochen nicht schwanger werden, nehmen wir das als Zeichen, uns für eine Adoption zu bewerben."

Ein neuer Weg

Es klappt nicht. Ich bin nicht schwanger geworden. Deshalb lassen wir den Wunsch nach eigenen Kindern innerlich los und gehen den Weg der Adoption. Wir entscheiden uns, gleich zum Senat Berlins zu gehen, wo die meisten Kinder *verwaltet* werden. Ich bin mittlerweile 26. Wir haben keine Ahnung, was auf uns zukommen wird. Mein Mann ist mit 36 schon fast zu alt für die

Adoption eines Babys oder Kleinkindes, weil zu dieser Zeit noch 35 Jahre die Grenze für Männer ist. Nun müssen wir ausführlich unser Leben aufschreiben. Wie haben wir unsere Kindheit, Eltern, Familie erlebt? Was war gut, was nicht so gut, was würden wir anders machen …?

Bei meinem Mann wird deutlich, dass er sich mit Anfang 30 sehr bewusst für Jesus entschieden hat und diese Entscheidung eine ganz starke Veränderung in sein Leben gebracht hat. Diese Tatsache bemerkt die Sozialarbeiterin, die nach einem halben Jahr zu einem Hausbesuch bei uns ist, sehr positiv. Nachdem sie unsere Wohnung angeschaut und mit uns geredet hat, sagt sie beim Rausgehen: „Das finde ich ja gut, dass Sie Ihren Glauben so leben und nicht nur Karteileichen sind." Wir denken: *Jawoll, die Frau ist für uns. Juhu, es geht voran!*

Von einer weiteren Senatsstelle werden wir noch einmal von vorne bis hinten durchleuchtet und müssen uns amtsärztlich untersuchen lassen. Dabei sollen wir zum Beispiel geradeaus auf einem imaginären Strich durchs Zimmer gehen. Wir sollen ein Ohr zuhalten und die Dame am Ende des Schreibtisches flüstert ein bisschen, dann das andere Ohr. Eine Tauglichkeitsuntersuchung für werdende Eltern – ziemlich merkwürdig.

Ganz spannend ist, dass wir bei dieser zweiten Stelle wieder auf eine Frau treffen, die sagt: „Boah, Sie sind Christen, das finde ich ja voll cool. Am liebsten vermittele ich Kinder in Familien, die an Gott glauben, weil ich weiß, dass da ein richtig gutes Fundament vorhanden ist." Diese Frau fällt leider kurze Zeit später von einer Leiter und bricht sich etwas im Rücken. Danach bekommen wir eine Sachbearbeiterin, die komplett anders drauf ist. Freunde von uns werden einbestellt und befragt, wie wir mit Konflikten umgehen, ob wir wohl *gleich mit der Bratpfanne aufeinander losgingen* und so weiter.

Dieses Jahr der *Adoptionsschwangerschaft* ist unglaublich intensiv für uns. Intensiver als jede natürliche Schwangerschaft. Wir setzen uns mit uns selbst, mit unserer Herkunftsfamilie, unseren Vorfahren, mit dem, wie wir gelebt haben, was wir erlebt haben und was das mit uns gemacht hat, extrem intensiv auseinander. Wenn man nicht von außen darauf gestoßen wird, ist es eher nicht normal, sich so intensiv damit zu beschäftigen. Von daher ist dieses Jahr ein wirklicher Gewinn für unsre Ehe. Es ist extrem herausfordernd und anstrengend, aber auch sehr gut.

In vielen Punkten bekommen wir Klarheit und erkennen, warum der andere reagiert, wie er reagiert. Außerdem werden wir sicherer darin, was wir wollen und was wir nicht wollen. Der Prozess bringt uns ein größeres Verstehen füreinander: „Ach so, ist nicht böse gemeint. Ach so, deshalb reagierst du so …"

Die Termine in der zweiten Untersuchungsstelle und diese komische amtsärztliche Untersuchung sind abgeschlossen, als sich das erste Jahr unserer Adoptionsbewerbung dem Ende zuneigt. Es wird Dezember. Wir haben die Äußerung unserer Sozialarbeiterin noch im Ohr, die es gut findet, dass wir unseren Glauben leben. Das weckt richtig große Hoffnungen in uns. Mitte Dezember haben wir einen weiteren Termin bei ihr. Wir gehen in der freudigen Erwartung und in unserem *jugendlichen Leichtsinn* davon aus, jetzt das Abschlussgespräch zu führen und bald Eltern zu sein. Dass es mitunter sehr lange dauern kann, bis einem ein Kind zugewiesen wird, machen wir uns gar nicht bewusst.

Freunde haben uns schon die ersten Babysachen geschenkt und wir sind bestens vorbereitet. Bei unserem nächsten Termin treffen wir unsere Sozialarbeiterin schon auf dem Flur. Sie begrüßt uns mit: „Ach hallo, wie geht es Ihnen denn? Alles gut?", und: „Ach übrigens, was ich Ihnen noch sagen wollte: Ich halte Sie doch für ungeeignet."

What??? Und das auf dem Flur? Diese Fachfrau?

Wir stehen da wie vom Donner gerührt. *Haben wir uns verhört?* Wir fordern eine Erklärung und die fällt, wie folgt, aus: Sie habe sich das jetzt noch mal überlegt, und sie sei ja schließlich die Verantwortliche für die Kinder und könne es nicht verantworten, ein Kind in unseren engen Gemeinderahmen zu quetschen.

Wir sind völlig platt und machen sie auf das deutsche Grundgesetz aufmerksam, nach dem es bei uns Religionsfreiheit gibt. Außerdem sei sie noch nie in unserer Gemeinde gewesen, um sich *die armen gequälten Kinder* anzusehen. Drittens würden wir mehrere christliche Familien in Berlin und auch in anderen Bundesländern kennen, die händeringend darum gebeten werden, noch ein weiteres Kind zu adoptieren.

Wir fragen: „Wie kann in einem Land mit so unterschiedlichem Maß gemessen werden? Wenn wir in einem Sportverein wären und fünfmal die Woche auf den Sportplatz rennen würden, würde kein Hahn danach krähen, aber weil wir dreimal in der Woche gemeindliche Veranstaltungen besuchen, werden wir abgelehnt? Das können wir so nicht stehenlassen. Wir wollen mit Ihrer Vorgesetzten reden." Dann fahren wir nach Hause.

Weil unsere Gemeinde und Freunde ganz eng an unserem Adoptionsprozess beteiligt sind, ist es auch für sie ein riesiger Schock, als wir ihnen von diesem Termin erzählen. Sie ermutigen uns, zu kämpfen. Unser Pastor sagt: „Und wenn ihr bis zum Bischof geht, das geht so nicht. Selbst wenn ihr dabei für euch kein Recht bekommt, dann kämpft ihr wenigstens für andere. Das kann es doch in Deutschland nicht geben, dass euer Glaube und die Gemeindezugehörigkeit Ablehnungsgründe sind."

Wir erbitten vor dem Gespräch mit der Vorgesetzten einen schriftlichen Ablehnungsbescheid, um etwas in der Hand zu haben. Als wir dieses Schriftstück, mit äußerst ominösen Erklärungen, schließlich in Händen halten, rufen wir die Vorgesetzte an, um einen Termin zu vereinbaren. Sie sagt uns: „Ja ja, Sie können gerne kommen, aber ich werde Ihnen nur noch mal sagen, dass auch ich Sie für ungeeignet halte."

„Hallo, Sie kennen uns doch gar nicht!?", geben wir ihr zur Antwort, woraufhin sie sagt, dass sie natürlich voll hinter ihren Mitarbeitern stehe.

Dieser Kommentar ist wie eine Totgeburt für uns! Wir sind unendlich traurig und weinen ganz viel. Wir können keine eigenen Kinder bekommen, und wir dürfen nicht adoptieren, weil wir Christen sind – in Deutschland! Weil wir keine Ambitionen haben, nach Haiti oder sonst wohin zu fliegen, um von dort ein Kind anzunehmen, bedeutet das, dass wir an diesem Punkt in absoluter Hoffnungslosigkeit sind! Alles, was wir machen können, scheint aussichtslos!

Da wir uns bei der Senatsstelle beworben haben, ist uns klar; die Ablehnung dort bedeutet, dass wir auch keine Chance haben, Pflegeeltern zu werden. Wir haben einen Stempel aufgedrückt bekommen. Dieser ganze Prozess war total intensiv, hoch emotional und kräftezehrend. Wir sind wie abgestorben und trauern – trauern wie um ein gestorbenes Kind.

Wunder

Noch während unserer Trauer fahren wir mit auf eine Gemeindefreizeit, bei der wir so mit uns beschäftigt sind, dass wir uns gar nicht an den anderen Leuten freuen können. Aber wir wollen nicht nur zu Hause sitzen und weinen.

Weil auf Gemeindefreizeiten ja immer irgendjemand *Rücken* oder *Kopf* hat, wird dafür gebetet. Für meinen Mann ist das ein Aha-Erlebnis und plötzlich fällt es ihm *wie Schuppen aus den Haaren*. Es gibt in Jakobus 5,14-15 (ELB) die Verse: „Ist jemand krank unter euch? Er rufe die Ältesten der Gemeinde zu sich, und sie mögen über ihm beten und ihn mit Öl salben im Namen des Herrn. Und das Gebet des Glaubens wird den Kranken retten."

Beim Gedanken daran schlussfolgert er: „Mensch, Zeugungsunfähigkeit ist doch auch wie eine Krankheit. Das ist ja nicht der normale, gesunde Zustand." Sofort geht er zu unserem Pastor und bittet ihn: „Du, ich möchte das Gebet nach Jakobus 5 für mich in Anspruch nehmen." Und so trifft er sich Anfang Januar 1987 schließlich allein mit den Ältesten der Gemeinde, denn es geht ja um *seine Krankheit*. Sie beten für ihn und salben ihn mit Öl. Sie stecken all ihren Glauben in ihr Gebet und sagen: „Gott, du bist der Herr des Lebens, du bist der Schöpfer."

14 Tage später bin ich schwanger! Ich weiß das sofort. Am Wochenende haben wir wieder einmal Besuch aus meiner alten Heimat und ich sage: „Ich geh mal davon aus, ich bin schwanger."

Meine Freundin fragt: „Was, das ist ja toll, wie weit bist du denn schon drüber?"

Ich: „Gar nicht, ich habe erst in 14 Tagen meine *spanische Woche*."

Darauf sie: „Ja, wieso kannst du das denn dann jetzt sagen?"

Und ich: „Ich weiß es einfach."

Zwei Wochen später machen wir einen Test, und weil das damals noch so einer ist, der eine Stunde stehen muss, bis ein Ergebnis ablesbar ist, schleichen wir auf Zehenspitzen drum herum und gucken, ob sich schon etwas gezeigt hat, und tatsächlich: *Ich bin schwanger!*

An dem Tag, an dem wir die Gewissheit haben, besuchen wir eine alte Dame aus der Gemeinde, die von unserem Kinderwunsch weiß und auch von dem schrecklichen Ende der Adoptionsbewerbung. Als wir bei ihr ankommen, druckst sie die ganze Zeit herum und sagt schließlich: „Mann, ich habe von euch geträumt, aber ich kann euch das gar nicht erzählen."

„Na, so was können wir ja gut haben. Fängst einen Satz an und sagst, ich weiß da was, aber ich kann es euch nicht sagen", meinen wir und lassen nicht locker, bis sie uns erzählt: „Ich habe geträumt, dass ihr mich mit einem kleinen, blonden Jungen besucht habt, der ungefähr so groß war."

Und dann zeigt sie die Größe eines etwa drei- bis vierjährigen Kindes. Unsere Reaktion ist: „Okay, dankeschön. Es wird also ein Sohn." Und dann erzählen wir ihr alles. Das Spannende an dieser Geschichte ist, dass sie unseren Sohn tatsächlich nur erlebt, bis er drei oder vier Jahre alt ist, bevor sie *in die Ewigkeit umzieht*. Richtig krass!

Schließlich bin ich beim Arzt, der mich und meine Zyklen kennt und deshalb sagt: „Das kann nicht sein, Frauen können zu diesem Zeitpunkt im Zyklus gar nicht schwanger werden. Das geht einfach nicht."

Für uns ist es also ein doppeltes Wunder, denn eigentlich kann ich auch schlecht von einem zeugungsunfähigen Mann schwanger werden. Aber Gott kann! Wir beschließen deshalb, dem Kind einen Namen zu geben, in dem zum Ausdruck kommt, dass es ein Geschenk Gottes ist.

In der Schwangerschaft leide ich extrem und sehr lange unter Übelkeit, doch das macht mir überhaupt nichts aus: *Juhu, ich bin schwanger!* Und als nach einer anstrengenden Geburt unser Sohn endlich da ist, sitzen wir an seinem Bett und himmeln ihn an. Wir fühlen uns unglaublich beschenkt. Nachdem man uns gesagt hat: „Bei euch geht gar nichts", sitzen wir jetzt staunend vor diesem kleinen Menschlein, unserem *Wunder-Kind*, unserem Geschenk Gottes!

Unser Sohn wächst auf und ich bin volle Kanne zufrieden damit, dass ich meinen Job als Anwalts- und Notargehilfin gekündigt habe, um jetzt ganz Mutter zu sein.

Als wir nach der Geburt unseres Sohnes überlegt haben, ob wir jetzt verhüten müssen, sagten wir uns: „Wie komisch wäre das denn? Hier hat Gott ein so großes Wunder an uns getan und jetzt sagen wir – ab jetzt übernehmen wir wieder die Kontrolle?!" Wir verhüten also nicht, aber es passiert auch nichts. Irgendwann sagen wir uns: „Ein Kind ist ja cool, aber zwei wären noch schöner."

Als unser Sohn drei ist, beginnen wir deshalb intensiver für ein weiteres Kind zu beten und irgendwann sagt mein Mann: „Vielleicht ist es unser Weg, wieder zu den Ältesten zu gehen und Gott zu sagen: ‚Wir haben das Leben nicht in der Hand.'"

Wir entscheiden uns schließlich sehr bewusst, diesen Schritt zu gehen, Gott unsere offenen Hände hinzuhalten und zu sagen: „Bitte!"

Dieses Mal gehen wir als ganze Familie. Der Pastor und die Ältesten beten mit großer Freude und großem Glauben, weil es ja schon einmal geklappt hat. Die Gemeinde nimmt wieder Anteil daran und betet mit. Kurze Zeit später bekommen sie jedoch von mir zu hören, dass ich meine *spanische Woche* bekommen habe.

Viele sind enttäuscht und rufen entsetzt aus: „Neeeiiiin, es hat nicht geklappt!"

Ich aber möchte die Leute am liebsten schütteln und sage: „Was für eine Gottesvorstellung habt ihr denn? Glaubt ihr an einen *Colaautomaten-Gott*? Ich stecke meinen Taler oben rein und ziehe unten raus, was ich haben will?"

Wir, besonders ich, sind sehr entspannt – wir haben gebetet, Gott hat das in der Hand und er wird das machen –, und im nächsten Zyklus bin ich schwanger! Mit dem zweiten, wunderbar coolen Sohn. Richtig krass!

Und dann wird auch dieser Junge größer und ich denke, als ich ihn nach einer langen, intensiven Zeit abstille: *Das ist auch schön, jetzt kann ich endlich mal wieder abends in die Gemeinde gehen oder was anderes machen.*

Doch mein Mann ist mit dem Thema noch nicht fertig und fragt: „Ach, ich hätte ja so gerne noch ein Mädchen. Wollen wir nicht noch mal zu den Ältesten gehen?"

Ich aber bin der Meinung: „Nein, wir sollten erst gar keine Kinder haben und jetzt haben wir zwei tolle Jungs. Wenn du meinst, dann geh du, aber ich brauch das nicht unbedingt."

Daraufhin sagt ihm unser Pastor: „Ihr müsst schon beide mit einem fröhlichen Herzen kommen."

Aber ich bin weiterhin nicht wirklich überzeugt davon und mein Mann beginnt schließlich mit unserem ältesten Sohn, *hinter meinem Rücken* zu beten. Ich besuche in dieser Zeit ein Seelsorgeseminar, um Menschen, die ich begleite, besser helfen zu können.

Der Leiter des Seminars sitzt mit in meiner kleinen Übungsgruppe, und nach einer Gebetsrunde sagt er zu mir: „Ich habe ein inneres Bild für dich gesehen, willst du es hören?"

Da ich sowieso schon vor mich hin weine, weil ich auf eine andere große Frage von Gott eine Antwort bekommen habe, die ich nicht hören wollte, denke ich: *Jetzt ist eh schon alles egal. Er soll mir ruhig das Bild auch noch sagen.*

Und so erzählt er mir, dass er mich mit einem sehr kleinen Kind auf dem Arm an einem großen Fenster stehen und fröhlich rausschauen gesehen hat.

Zu Hause erzähle ich meinem Mann davon und sage: „Komisch, unser zweiter Sohn ist nun schon drei, der ist ja nicht mehr so klein." Als ich im nächsten Monat merke, dass ich schwanger bin, überrascht mich das nicht wirklich. Das Bild war eine Ankündigung für unsere Tochter. „Tada!"

Gemäß eines Psalmwortes, in dem steht: „Und er wird dir geben, was dein Herz sich wünscht", hat Gott diesen riesengroßen Wunsch meines Mannes gesehen und gehört und ihm mehr Bedeutung zugemessen als meinem pragmatischen: „Zwei Jungs sind auch ganz toll."

Er hat uns noch mit einer Tochter beschenkt, über die ich unglaublich glücklich und auf die ich voll stolz bin und mich sehr, sehr freue, dass sie da ist.

So wird aus einem Ehepaar, das von Anfang an eine Familie sein wollte und dem es allein nicht möglich war, ein Beispiel, an dem sich wieder einmal zeigt, dass Gott größer ist als alles!

Kein Automatismus!

Was ganz wichtig ist und ich unbedingt immer mit meiner Geschichte zusammen erzähle, ist: „Es gibt keinen Automatismus!“ Ja, Gott ist und bleibt der Schöpfergott und der Herr des Lebens. Doch ich selber weiß von Fällen, für die ich mitgebetet habe, wo Ehepaare sich sehnlichst Kinder wünschen und bis heute keine bekommen haben. Er ist eben kein *Colaautomaten-Gott*! Aber ich habe auch schon oft erlebt, dass Ärzte gesagt haben, geht gar nicht, und dass dann nach Gebet die Frauen doch schwanger geworden sind. Beides.

Was ich gerne weitergebe: In allem, egal, wo wir uns befinden und wie unsere Lebenssituation gerade ist und ob so sehnliche Wünsche in Erfüllung gehen oder nicht, wird hoffentlich das Vertrauen in Gott und in seine Güte in jedem stark. Hoffentlich wissen wir uns getragen.

Vor vielen Jahren waren wir mit anderen Paaren in einer christlichen Fernsehsendung mit dem Titel *Ungewollt Kinderlos*. Ein Paar hat Kinder adoptiert, ein Paar ist kinderlos geblieben, hat aber andere Aufgaben gefunden. Ein weiteres kinderloses Paar schien sichtlich zerbrochen, denn man konnte bei ihnen eine riesengroße Traurigkeit wahrnehmen. Als die Sendung aufgenommen wurde, hatten sie noch keinen anderen Weg gefunden und ihre Traurigkeit offenbar noch nicht verarbeiten können.

Das ist ja auch so eine existenzielle Sache, kinderlos zu bleiben und dennoch ein erfülltes Leben zu führen und Aufgaben und Möglichkeiten zu sehen, die Gott einem *in den Weg legt*. Das ist kein leichter Weg. Alle Alternativen sind keine leichten Wege, auch nicht Adoption. Aber ich wünsche mir, dass wir uns öffnen und Gott vertrauen können, dass er durch und durch gut ist, egal in welcher Lebenssituation wir uns befinden.

Eine ganz andere Geschichte

Das ist die eine, wunderbare Geschichte aus meinem Leben. Eine ganz andere ist, dass mein Mann relativ früh, nach kurzer, schwerer Krankheit *in die Ewigkeit umgezogen ist*. Aber das ist in der Tat eine ganz andere Geschichte. Ich bin sehr dankbar, dass Gott mich und die Kinder auch durch diese extrem schwierige Zeit hindurchgetragen hat und ich niemals fragen musste: „Warum machst du das? Warum?" Denn *warum?* ist eine *todbringende Frage*, auf die es keine Antwort gibt.

Wir leben in einer Welt, in der Unglück und Krankheit passieren. Und ja, Gott ist der, der das Leben in der Hand hat: der Schöpfer, der Herr, unser Arzt. Mein Mann und ich haben viel Heilung erlebt. Wunderbare Heilung! Es geschieht eben aber auch das andere. Sollte ich dann nicht mehr vertrauen und sagen: „Nein Gott, so nicht. Jetzt kann ich nicht mehr an dich glauben?"

Wenn ich dieses Vertrauen und dieses Erleben der Sicherheit und des Gehaltenwerdens und des Geführtwerdens von Gott nicht hätte, wüsste ich nicht, wie es mir heute ginge.

Und wenn Gott keine Kinder schenkt?

Weil ich offen aus meinem Leben erzähle, auch von unserer *Kinder-Geschichte*, ergeben sich immer wieder Gespräche mit Betroffenen. Leider gibt es kein Rezept, das in dieser Zeit hilft. Was vielleicht hilfreich sein kann, ist, dass ich vieles verstehe, weil ich selbst in Schmerz- und Verlustphasen war und nicht wusste, wie es weitergeht.

Ich bin aber auch in der glücklichen Lage, dass Gott unsere Gebete auf wunderbare Weise erhört und beantwortet hat. Leute könnten also sagen: „Du hast gut reden. Du hast Kinder bekommen." Es bleibt bei jedem Paar, bei jeder Frau, bei jedem Mann die Entscheidung: Vertraue ich, dass Gott es gut mit mir meint, selbst wenn ich keine Kinder bekomme? Kann ich loslassen und ihm mein Leben anvertrauen?

Ich möchte diesem Bibelwort aus Jeremia 29,11ff (ELB) vertrauen: „Denn ich kenne ja die Gedanken, die ich über euch denke, spricht der Herr, Gedanken des Friedens und nicht zum Unheil, um euch Zukunft und Hoffnung zu gewähren. Ruft ihr mich an, geht ihr hin und betet zu mir, dann werde ich auf euch hören. Und sucht ihr mich, so werde ich mich von euch finden lassen, spricht der Herr. Und ich werde euer Geschick wenden."

Wie auch immer das aussehen mag. Wenn ein Paar versucht und versucht schwanger zu werden, sogar die Sexualität auf bestimmte Tage eingeschränkt ist und gar nicht mehr so viel Spaß macht, weil man ja muss. Wenn das über Jahre geht oder medizinische Hilfe in Anspruch genommen wird und sich sogar ein Embryo eingenistet hat und doch wieder abgeht und dann noch mal und noch mal … Vielleicht stellt sich dann die Frage: Gibt es etwas anderes für uns? Sind wir bereit, unseren Herzenswunsch abzugeben und zu sagen: „Wir glauben und vertrauen dir mehr als unserem tiefsten Wunsch? Wir müssen dir ja nichts vormachen, wir trauern wie Hund, denn wir wollen ein Kind wie nichts anderes auf der Welt. Gott, du siehst ja, wie wir sind. Wir müssen nicht oberfromm tun."

Aber wenn das so viele Jahre geht, braucht es vielleicht diesen mutigen Schritt, die Hände und das Herz aufzumachen und zu versuchen, den übergroßen Wunsch Gott hinzulegen. Das ist das Spannende und Herausfordernde und auf der anderen Seite auch wieder das Beglückende an unserem Vertrauen: „Ich hab das nicht in der Hand, aber ich weiß, du hast mein Leben in der Hand. Du hast den Überblick und ich vertraue dir. Und wenn ich dir diesen Herzenswunsch anvertraue und all meine Trauer damit, vertraue und glaube ich, dass du den Schmerz auch irgendwie heilen kannst und mich nicht mein Leben lang mit einer *Fleischwunde* weitergehen lässt. Ich vertraue darauf, dass Heilung kommt und du etwas hast, das für mich Zukunft und Hoffnung ist."

Gott ist da

Ich freue mich sehr, in einer Gemeinde zuhause zu sein, in der Beziehung gelebt wird. Ehepaare, die sich sehnlichst Kinder wünschen und bislang noch keine bekommen haben, entziehen sich dieser Gemeinschaft nicht. Ihr Schmerz ist da und kommt immer wieder hoch, worüber auch geweint wird. Machen können wir als Gemeinde nichts weiter als beten, trösten und der Gnade Raum geben, mitfühlen und mittrauern.

Unsere Gemeinde hat an unserer Geschichte Anteil genommen. Und es kann sein, dass dadurch eine Sensibilisierung für das Thema gewachsen ist.

Aus dem eigenen Erleben von Warten, Hoffen, Beschenktwerden, Riesenfreude und auch von tiefer Trauer wünsche ich mir für jede*n Leser*in, für jede*n Betroffene*n liebevolle, sensible Menschen, die einfach da sind. Und noch viel mehr das tiefe, wunderbare Erleben: Gott ist da, egal wie die Situation aussieht. Er trägt, er geht mit und er hat einen Weg.

Elli und Micha

Unser schwerer Verlust lenkt unseren Blick auf die Geschenke

Die Vorbereitung auf dieses Gespräch schiebe ich immer wieder vor mir her. Mich mit dem Thema Totgeburt auseinanderzusetzen, scheint mir zu schwer, zu schmerzvoll. Als wir schließlich bei Elli und Micha am Küchentisch sitzen und reden, bin ich überrascht und beeindruckt, wie versöhnt sie mit ihrer Geschichte wirken und wie viel Gutes sie in ihrem Leben sehen können.

Elli und Micha sind schon seit ihrem 18. Lebensjahr ein Paar. Nach ihrer Hochzeit, 2007, entscheiden sie sich, die *Familienplanung* ganz Gott zu überlassen und nicht zu verhüten – damals sind beide 25 Jahre alt. Diese Entscheidung treffen sie auch deshalb, weil sie von Freunden wissen, dass es mitunter sehr lange dauern kann, schwanger zu werden, und immer nervenaufreibender wird, je mehr man sich ein Kind wünscht. Sie wollen ohne inneren Druck Geschenke aus Gottes Hand annehmen.

Drei Jahre lang bleiben diese Geschenke jedoch aus, weshalb Elli das Thema bei ihrer Gynäkologin anspricht. Diese leitet sie sofort an eine Kinderwunschpraxis weiter. Dort fühlt Elli sich nicht sehr feinfühlig behandelt, und ihr wird klar, dass sie noch nicht bereit ist, sich auf diese *Maschinerie* einzulassen. Deshalb entscheiden sie sich dazu, ein weiteres Jahr zu versuchen auf natürlichem Weg schwanger zu werden. Inzwischen sind alle Freunde, die zeitgleich mit ihnen geheiratet haben, bereits Eltern. Die beiden können jedoch auch ihre Zweisamkeit noch genießen.

Nachdem auch dieses Jahr ohne Schwangerschaft vorübergeht, stellt sich Elli wieder in der Kinderwunschpraxis vor, wo festgestellt wird, dass hormonell etwas nicht in Ordnung ist, weshalb sie nur etwa einen Eisprung pro Jahr hat. Diese Unregelmäßigkeit wird durch Hormongaben ausgeglichen und es stellen sich schließlich *normale Zyklen* ein.

Trotzdem ist Elli mit der Behandlung in der Kinderwunschpraxis alles andere als glücklich: „Ich hatte mein ganzes Leben eine romantische Vorstellung vom Kinderkriegen: Zwei Menschen lieben sich, schlafen miteinander und dann kommt ein Kind. Stattdessen sagt diese kühle Ärztin zu mir: ‚Ja, dann sollten Sie jetzt in den nächsten 24 Stunden Sex haben.‘ Unangenehm unromantisch.“

Doch schon im dritten hormonell unterstützten Zyklus halten sie einen positiven Schwangerschaftstest in den Händen und sind vorsichtig glücklich, solange bis die Ärzte ihnen eine intakte Schwangerschaft bestätigen.

Elli: „Als ich endlich meinen Mutterpass, diesen Mitgliedsausweis für den Mutterclub, hatte, war ich sehr froh.“

In den ersten Schwangerschaftswochen werden sie noch einmal durch einen schwierigen Blutwert aus ihrem unbekümmerten Glück gerissen, der jedoch hormonell behandelt werden kann.

Danach können sie eine unkomplizierte Schwangerschaft genießen und machen sich nur wenig Sorgen. Vom Geschlecht des Kindes wollen sie sich überraschen lassen.

Das Unbegreifliche geschieht

März 2012

Elli: „Und dann, in der 37. Woche, gab es diesen einen Tag, an dem ich das Baby nicht gespürt habe."

Ihre Hebamme will sie beruhigen und sagt, es komme schon vor, dass sich die Kinder gegen Ende der Schwangerschaft aus Platzmangel weniger bewegen. Sie rät ihr, dass sie sich, wenn sie weiterhin beunruhigt sei, am nächsten Tag bei ihrer Gynäkologin melden solle.

Nachts liegt Elli wach, weil sie noch immer keine Kindsbewegungen gespürt hat. Sie blickt auf das neben ihr schon aufgebaute Beistellbett, da kommt ihr auf einmal der Gedanke: *Was ist, wenn da nie ein Baby drin liegen wird?*

Schließlich hält sie es nicht mehr aus, weckt ihren Mann und die beiden fahren ins Krankenhaus, um sich beruhigen zu lassen. Im Kreissaal werden sie von einer lieben Hebamme empfangen, die einen Ultraschall durchführt. Weil sie keinen Herzschlag finden kann, holt sie einen Arzt.

Elli denkt: *Ok, sie holt jetzt den Arzt, und der wird dann was finden. Sie hat es halt nicht drauf.*

Als schließlich sogar zwei Ärzte da sind und vergeblich nach einem Herzschlag suchen, wird klar: *Das Kind lebt nicht mehr.* Elli fühlt sich innerlich immer betäubter.

Auf ihre Frage, wie es denn jetzt weitergehe, antwortet der Arzt nur: „Wir müssen die Geburt einleiten, da müssen Sie jetzt durch!"

Niemand kommt auf die Idee, noch zu warten, um dem Paar die Möglichkeit zu geben, diese schlimme Nachricht innerlich zu begreifen. Wie im Traum landen sie in einem Vorwehenzimmer und Elli bekommt Tabletten zur Einleitung der Geburt. Von einer Freundin, die Jahre vorher eine Totgeburt erleben musste, weiß sie, dass in so einem Fall kein Kaiserschnitt angeboten wird. Medizinisch gebe es keine Berechtigung für eine so große Operation. Auch psychologisch sei es besser, den Verlust zu verarbeiten, wenn das Kind nicht auf einmal nach einer Betäubung da und schon wieder weg sei. Heute wird den Eltern diese Möglichkeit angeboten, Elli ist jedoch froh, dass sie gar nicht erst vor die Wahl gestellt wurden. Die Versuchung wäre zu groß gewesen, sich nach dem Schock in eine Vollnarkose zu flüchten.

Am nächsten Morgen melden sie sich bei ihren Eltern und Geschwistern und sprechen das Unaussprechliche aus: „Das Baby lebt nicht mehr." Erst jetzt kommt die ganze Wucht der Realität auch bei ihnen innerlich an und alle Dämme brechen. Elli bricht zusammen. Nun wird ihr auch bewusst, wie wenig sie von ihrem Baby weiß, das sie nun nie richtig kennenlernen kann.

Sie gehen spazieren und steigen Treppen rauf und runter, bis ein paar Stunden später schließlich die Wehen einsetzen und das Paar sich auf die Geburt vorbereitet. Als Ellis Schwester zu ihnen ins Krankenhaus kommt, schreiben sie eine E-Mail an alle, die von der Schwangerschaft wissen. Ellis Horrorvorstellung ist es, dass jemand sie ahnungslos nach ihrem Kind fragen könnte, weshalb sie jetzt schon ganz offensiv allen Bescheid geben und auch um Gebet bitten will.

Elli: „Letztlich war das auch eine Form, meinen Schmerz in die Welt rauszuschreien."

Ihre Mutter kommt mit einer Freundin, die vor dreißig Jahren ebenfalls ein Kind verloren hat.

Micha: „Die beiden waren wie jüdische Trauerfrauen, die kommen, um zu weinen."

Als Elkes Kind damals bei der Geburt starb, war es noch üblich, den Eltern das Kind gar nicht zu zeigen oder nur kurz zu überlassen. Ihren Johannes konnte sie nur eine Stunde im Arm halten, hat keine Fotos von ihm und konnte ihn niemandem zeigen. Deshalb ist sie es, die die Atmosphäre entscheidend prägt und dafür sorgt, dass von der Geburt und später vom Kind viele Fotos gemacht werden, um wenigstens etwas in der Hand zu haben.

Eigentlich sollte ihr Kind in einem Geburtshaus zur Welt kommen, nun finden sie sich plötzlich in einem Kreißsaal des Krankenhauses wieder – um sie herum weitere Kreißsäle, mit schreienden Frauen und Babys. Die Hebamme, die sie nun betreut, spürt, dass diese Umgebung für ihre Situation nicht passt und schlägt feinfühlig vor, für die Geburt zurück auf die andere Stationsseite ins Vorwehenzimmer zu gehen. Dort fühlen sie sich wohler und auch von den Hebammen sehr gut betreut und aufgefangen. Diese sind ebenfalls zutiefst schockiert, zeigen echte Anteilnahme und geben ihnen nicht das Gefühl, so etwas jeden Tag zu erleben.

Ankunft und Abschied von Vilma

Um zwei Uhr nachts ist ihre Tochter Vilma endlich da.

Micha: „Sie ist ganz normal auf die Welt gekommen, das einzige, was anders war, war, dass sie nicht gelebt hat. Nicht geatmet. Sonst war sie ganz normal, sah ganz normal aus. Sie war noch warm. Die Hebamme hat sie untersucht, und ich hab sie angezogen und dann hatten wir ewig Zeit allein mit unserem Kind. Da hab ich das dann erst kapiert."

Nach ein paar Stunden geben sie ihre Tochter schweren Herzens ab und verabreden, sie am Abend noch mal wiederzusehen. Mittlerweile wissen sie, dass es auch möglich gewesen wäre, sie mit nach Hause zu nehmen, was Elli eigentlich schön gefunden hätte.

Der Arzt gibt ihnen ein Kinderuntersuchungsheft mit und später wird ihnen eine Geburtsurkunde für Vilma ausgestellt. Auch eine Haarlocke und einen Fußabdruck bekommen sie im Krankenhaus. Für die Eltern sind das Gegenstände von unschätzbarem Wert, die beweisen, dass ihre Tochter wirklich da war. Insgesamt sind sie sehr dankbar über den Verlauf der Geburt.

Elli: „Ich habe gedacht: *Wow, ich habe die Geburt geschafft, das macht mich auch mit zur Mutter.* Das ist ja so ein großer Schmerz: ich war schwanger, aber da ist kein Kind. Ich bin Mutter und bin es doch nicht. Doch wenigstens von der Geburt kann ich mitreden."

Auch, dass sie sich nicht mit Selbstvorwürfen plagen müssen oder beim Fachpersonal die Schuld für Vilmas Tod suchen, erleichtert sie. Als todesursächlich wird schließlich von einem Zusammenbruch der Plazentaversorgung ausgegangen, da sich darin Blutgerinnsel gebildet hatten. Drei Wochen vorher hatte es im Ultraschall dafür jedoch noch keinerlei Anzeichen gegeben.

Das Wiedersehen am Abend ist schwer für die beiden, auch weil sich ihre Tochter in der Zwischenzeit schon stark verändert hat. In den kommenden Tagen funktioniert das Paar einfach nur. Ein feinfühliger Bestatter und eine befreundete Pastorin helfen ihnen, gemeinsam mit weiteren helfenden Händen, die Beerdigung vorzubereiten. Jetzt, wo ihre Familien ohnehin in der Stadt sind, wünschen sie sich, dass alle daran teilnehmen können.

Schon zwei Tage nach der Geburt können sie in einem liebevoll hergerichteten ehemaligen Stall auf einem Bauernhof, der als Abschiedsraum dient, Vilma noch einmal sehen. Gemeinsam mit Freunden und Familie, die sie dazu einladen, nehmen sie Abschied. Es tut gut, ihren Lieben ihr Baby zeigen zu können.

Elli entscheidet sich sehr bewusst dafür, Vilma nicht noch einmal auf den Arm zu nehmen, weil ihr sonst das Loslassen noch schwerer fallen würde. Stattdessen schreibt sie all ihre Gedanken und Gefühle, alles was in diesen Tagen passiert, in ihr Tagebuch, um wenigstens etwas festhalten zu können. Später ist dieses Buch ein Schatz für sie. In Zeiten der Trauer, wenn Elli das Gefühl hat, sich nicht richtig mitteilen zu können, gibt sie Micha ihre Texte zu lesen. Darüber finden sie in einen Austausch und können Nähe zueinander herstellen.

Vier Tage nach der Geburt ist Vilmas Beerdigung. Viele Menschen kommen, nehmen Anteil, weinen mit ihnen und geben ihnen das Gefühl, in ihrer Katastrophe nicht ins Unendliche fallen zu müssen. Auch das ist eine unschätzbar wertvolle Erinnerung für Elli und Micha.

Die Ewigkeit bekommt für die beiden durch den Tod ihrer Tochter eine ganz neue Bedeutung. Elli: „Ich bin zwar christlich aufgewachsen, aber das hat bis dahin in meinem Leben hauptsächlich für das Diesseits eine Rolle gespielt. Diese Jenseitsperspektive und diese Hoffnung, hatte ich noch nicht so gefeiert. Damit habe ich mich dann viel beschäftigt."

Micha beschreibt es so: „Es ist ein Vorrecht, jetzt eine Tochter haben zu dürfen, es ist aber auch gemein. Sie hat einfach eine Abkürzung genommen, hat geschummelt, ist uns vorausgegangen. Das ist das Fieseste an der ganzen Geschichte, dass dieser Zeitpunkt des Kennenlernens so viel später kommen wird."

In einer der ersten Nächte nach Vilmas Geburt hat Elli einen intensiven Traum, in dem ein Lämmchen über eine Wiese tobt. Daraus entsteht ein Zwiegespräch mit Gott als Hirte. Am nächsten Tag kommt Elli dadurch zum Psalm 23 und beginnt, ihn in vielen Varianten zu beten. Eine schreibt sie schließlich in ihr Tagebuch. Gemeinsam mit Micha betet sie sie jeden Abend, fast ein ganzes Jahr lang:

Liebste kleine Vilma,
der Herr ist dein Hirte,
dir mangelt es an nichts.
Er weidet dich auf schönsten grünen Auen
und führt dich zu frischem Wasser.
Er erquickt deine Seele.
Er hat dich die Abkürzung direkt zum Ziel geführt um seines Namens willen.
Du wanderst nicht durch finstre Täler und du kennst kein Unglück.
Gott ist bei dir, du bist bei Gott, sein Stecken und Stab trösten dich.

Du sitzt an Gottes reich gedecktem Tisch mit lauter Freunden,
Feinde hast du nicht.
Gott salbt dein Haupt mit Öl und schenkt dir voll ein.
Gutes und Barmherzigkeit sind um dich herum
und du bist und bleibst im Haus des Herrn immerdar.

Von Gott fühlen sich die beiden getragen und spüren seine Wirklichkeit in ihrem Leid. Micha: „Gott habe ich als jemanden erlebt, der total präsent ist. Es war einfach klar, der ist da, der hilft uns, der tröstet uns. Das ist jemand, der jetzt auch weint, der diesen Tod schrecklich bedauert und mit uns verzweifelt ist. Das war ein Gefühl von Geborgenheit."

Micha hat den Eindruck, es sei total unangebracht, Gott, der ihnen so nah ist, die Schuld zu geben – in einer Welt, in der so viel Schlimmes passiert. Am schlimmsten empfinden sie Erklärungsversuche von Menschen, die einen Sinn in Vilmas Tod suchen. Diesen tieferen Sinn wird es für die beiden niemals geben.

Trauer

Elli lässt sich krankschreiben und ist zu Hause – dort leistet sie Trauerarbeit. Auch Micha nimmt sich ein paar Wochen frei. Fast täglich haben die beiden Besuch, so können sie ihre Geschichte wieder und wieder erzählen und mit der Verarbeitung beginnen.

In Elli keimt der Gedanke auf, dass *alles wieder gut ist,* wenn sie bloß erneut schwanger wird. Um aus dem Trauertal rauszukommen, meldet sie sich schon wenige Monate nach Vilmas Tod wieder in der Kinderwunschpraxis an und möchte möglichst bald ein weiteres Kind bekommen.

Die Ärztin rät ihr jedoch dringend davon ab, eine weitere Schwangerschaft zu früh zu forcieren. Sie solle ihrem Körper und ihrer Seele Zeit lassen. Elli versteht die Gründe der Ärztin und hat auch nicht die Kraft, sich über ihren Rat hinwegzusetzen. Schließlich orientiert sie sich an der Faustregel, sich so lange Zeit zu lassen, wie die Schwangerschaft gedauert hat.

Gemeinsam besuchen Elli und Micha eine Trauergruppe, in der sie sich jedoch nicht besonders verstanden fühlen. Sie haben den Eindruck, dass jedes trauernde Elternteil unterschiedlich empfindet und unterschiedliche Bedürfnisse hat. Elli: „Ich hatte eher das Gefühl, wenn ich ein Stichwort sage, geht bei den anderen ihr eigener Film los, und sie hören mir gar nicht mehr zu. Ich möchte von meinen Gefühlen und meine Geschichte erzählen und die anderen sind auf ihrem eigenen Dampfer."

Micha: „Auch mit dieser speziellen Sprache in der Gruppe, wenn von Sternenkindern und Schmetterlingen die Rede war, konnten wir nicht so viel anfangen."

Elli: „Ich konnte das mit den Sternenkindern nicht gut aushalten, weil ich dachte: *Meine Tochter ist kein Sternenkind, die ist im Himmel. Die ist bei Gott.*"

Elli und Micha finden ihre eigenen Bewältigungswege und lernen in dieser Zeit noch mal ganz neue Seiten aneinander kennen. Zum Beispiel kann Micha erst seit dem Verlust von Vilma weinen, was er als sehr bereichernd erlebt. Sie pilgern gemeinsam und versenden Dankeskarten anstelle von Geburtsanzeigen. Elli stellt mit all den Bibelversen, von denen sie sich getröstet und getragen fühlt, eine Trostbibel zusammen, schreibt weiterhin viel Tagebuch und gestaltet ein Fotobuch. Auch eine Puppe gibt sie in Auftrag, die dieselbe Kleidung trägt wie Vilma bei ihrer Beerdigung. Etwa neun Monate leistet sie Trauerarbeit.

Was für die beiden besonders schwer zu verdauen ist, ist, dass manche Freunde und Bekannte nicht auf ihre traurige Nachricht reagieren. Selbst die unbeholfenste Reaktion ist ihnen lieber, als gar keine. Andere Freunde wiederum rücken in ihrer Zeit der Trauer besonders nah und stehen ihnen zur Seite, sodass sich Beziehungen intensivieren. Es tut ihnen gut, Nähe zu anderen Menschen zu erfahren, die ihre Trauer aushalten und mittragen und auch ihre Geschichten mit ihnen teilen.

Ein ihnen sehr nahestehendes Paar kann selbst keine Kinder bekommen. In ihrem Gespräch mit ihnen spüren sie, dass sie fast darum beneidet werden, Trauerrituale und ein Grab zu haben und dass sie so viel Anteilnahme bekommen. Der Schmerz und die Lücke im Leben dieses Paares bekommen das alles nicht. Da gibt es keine Rituale, sie können keine E-Mail schreiben, keine Bilder zeigen und es gibt keinen Ort, an dem sie die Trauer verorten können.

Elli: „Da habe ich gedacht: *Ja, das ist schon noch mal ein ganz schön anderer Schmerz, wenn man es nicht angeboten bekommt, das so zu ritualisieren. Symbole, Zeichen, was Handfestes zu haben, tut gut. Wenn einfach nur nichts ist, kein Kind, obwohl man sich eins wünscht, das ist schwer.*"

Geschenke

Im Dezember geht Elli erneut in die Kinderwunschpraxis, denn sie wünscht sich so sehr, mit einer neuen Hoffnung in das kommende Jahr starten zu können. Weihnachten und Silvester verbringen sie in diesem Jahr ganz bewusst an einem anderen Ort als gewohnt. Doch die Hoffnung zu Weihnachten bleibt aus, was die beiden enttäuscht und mit der Ungewissheit ins neue Jahr gehen lässt, wann und ob sie jemals noch ein Kind bekommen werden.

Zwei Monate später ist Elli, erneut mit hormoneller Unterstützung, schwanger. Elli: „Ich war so dankbar, dass ich zum ersten Jahrestag von Vilma im März schon wieder diese neue Hoffnung hatte, dieses neue Leben in mir."

Es folgt keine unbeschwerte Schwangerschaft, sondern die beiden lassen jede Untersuchung durchführen, die sie bekommen können, bangen ständig um das kleine neue Leben. Auch ihre Ärztin ist ängstlich und besorgt.

Elli: „Ich habe mich so sehr nach dieser Unbeschwertheit der ersten Schwangerschaft zurückgesehnt. Vor allem, wenn ich Schwangere gesehen habe, die einfach so schwanger geworden sind und dann auch noch eine unbeschwerte Schwangerschaft erlebten. Diese Fragen waren besonders hart: *Kann mein Körper das? Sind Babys in meinem Körper sicher?*"

Einen größeren Schreckmoment erleben sie durch eine Auffälligkeit bei der Nackenfaltenmessung des Embryos. Die Zeit bis zur nächsten Untersuchung, in der sich der Verdacht bestätigen könnte, ist für das Paar nur schwer zu überstehen. Sie sind aufgewühlt und schließlich dankbar für die Entwarnung: Alles ist in Ordnung.

Eine tiefenpsychologische Therapie, in der sie viel über ihre Ängste und angstmachenden Träume spricht, hilft Elli, ihre Ängste auszuhalten. Doch am meisten hilft ihr noch immer das Schreiben in ihre Tagebücher. Zum Ende der Schwangerschaft wird sie immer unruhiger.

Micha erinnert sich lachend: „Den Arne hast du richtig rausgeredet – zehn Tage vor seinem Geburtstermin. Wir sind sonntags zum Gottesdienst gelaufen, und du hast so mit ihm geredet, als würde er morgen kommen. Ich sagte: ‚Elli, du kannst nicht so reden, als würde er morgen kommen. Wenn er zwei Wochen über den Termin geht, dann sind es noch vier Wochen.' Und dann kam er tatsächlich am nächsten Tag."

Mit ihrem Sohn Arne zieht Freude und ziehen auch die Herausforderungen des Elternseins bei ihnen ein. Sie wünschen sich noch weitere Kinder, doch Elli kann sich nicht vorstellen, sich so bald wieder den Behandlungen im Kinderwunschzentrum mit all den damit verbundenen Emotionen zu stellen. Damit will sie lieber warten, bis ihr Sohn drei oder vier ist.

Schließlich ist Arne noch keine zwei Jahre alt, als sie von einer weiteren Schwangerschaft überrascht werden. Sie können es kaum glauben, ohne ärztliche Hilfe und Hormone schwanger zu sein. Weil sie in der Schwangerschaft mit Arne schon vieles aufgearbeitet hat, kann Elli diese Schwangerschaft mit ihrer Tochter Heidi unbeschwerter erleben. Sie empfindet sie als *Versöhnungsgeschenk*.

Anders als bei Vilma lassen sie sich nun immer so früh wie möglich sagen, welches Geschlecht ihr Kind hat, geben ihm Namen und teilen diesen schon ihren Freunden mit.

Elli: „Wir dachten: *Okay, wir wissen nicht, wie lange dieses Kind, das uns jetzt geschenkt ist, bei uns ist.* Wir feiern jeden Tag und dadurch, dass wir ihm einen Namen geben, ist es noch realer. Wir holen es mehr in unser Leben rein, auch für die anderen, wenn wir ihnen erzählen, wie es heißt."

Ein weiterer Verlust

Ganz viele Frauen in ihrem Umfeld berichten Elli von ihren eigenen Verlusten, wenn sie von Vilma hören. Elli findet es sehr kostbar, sich auf diese Weise näher zu kommen. Doch immer, wenn Frauen sehr früh in der Schwangerschaft Kinder verloren haben, hat sie den Eindruck, dass sie über zwei sehr unterschiedliche Dinge sprechen.

Als Heidi gut ein Jahr alt ist, ist Elli erneut spontan schwanger. Die Freude ist groß und sie erzählen wie gewohnt allen sehr früh von der Schwangerschaft – bis bei einer Untersuchung in der elften Woche kein Herzschlag mehr zu finden ist. Nun müssen sie auch diesen Verlust mit ihren Lieben teilen und Elli versteht, weshalb viele Paare in den ersten Wochen vorsichtig mit dem Verbreiten der *guten Hoffnung* sind. Sie kann nun auch die Frauen besser verstehen, die ihre frühen Verluste geschildert haben: „Das ist noch mal eine andere Traurigkeit, ein Kind so früh loszulassen. Da ist ja viel weniger da, als ich bei Vilma hatte. Du hast von dem Kind noch nichts gespürt, und deshalb hast du noch mehr dieses Gefühl, dass du hinterher wieder funktionieren musst und dir keine lange Trauerzeit erlauben kannst."

Nach ihrem weiteren Verlust ist Elli und Micha klar, dass sie sich noch ein Kind wünschen. Heidi ist gut eineinhalb Jahre alt als Ellis Zyklen wieder von Hoffen und Bangen geprägt sind. Sie wollen sich nicht noch einmal behandeln lassen und bitten Gott, ihnen auf natürlichem Weg noch ein Kind zu schenken oder ihnen zu helfen, mit dem Thema abzuschließen.

Irgendwann, nach einem anstrengenden Jahr des Wartens, ist Elli tatsächlich wieder schwanger und erlebt, wie sehr sich nun das Trauma ihres frühen Verlustes bemerkbar macht. In den ersten Wochen ist sie sehr labil und hat große Angst um den Embryo. Auch zum Ende der Schwangerschaft hat sie wieder verstärkt mit Ängsten zu kämpfen. Deshalb bemüht sich auch ihr Sohn Franz, früher als erwartet auf die Welt zu kommen. Heute, bei unserem Gespräch ist der kleine Mann einen Monat alt.

Dankbar

Elli und Micha empfinden durch die Erfahrung mit Vilma eine tiefe Dankbarkeit für ihre drei lebenden *Geschenke*.

Elli: „Was man ja oft während einer Schwangerschaft hingeworfen bekommt, ist der Satz: Junge oder Mädchen ist egal, Hauptsache gesund. Ich denke aber: *Nein, Hauptsache lebendig!* Ich würde jede Menge Krankheiten in Kauf nehmen für ein lebendiges Kind. Dieses Leben, das wir jetzt hier in der Bude haben, können wir noch mal anders aushalten und feiern, weil auch der Tod schon bei uns gewohnt hat."

Elli und Micha richten insgesamt ihren Blick auf die Dinge, die ihnen geschenkt werden. Sie empfinden, dass es ein riesiges Vorrecht ist, wo und in welche Familien sie geboren wurden.

Micha: „Ich glaube, Vilma hat auch total viel geholfen, die Dinge, die wir haben, viel dankbarer anzunehmen. Ey, ich brauch den ganzen Wahnsinn nicht. Das Leben wird nicht besser, wenn man noch mehr Geld hat, es wird nicht besser, wenn man Dinge anhäuft. Man kann die Dinge so nehmen, wie sie kommen, mit dem, was man hat – das ist vollkommen ausreichend."

Ihnen ist Zeit schon immer wichtiger als Geld, weshalb beide nur in Teilzeit arbeiten, doch seit Vilma haben sie den Eindruck, dies auch besser begründen zu können.

In der Familie sind Vilma und auch das früh verstorbene Baby präsent – abends, wenn sie gemeinsam mit den Kindern beten, am Jahrestag, an dem eine Kerze angezündet wird, bei den Besuchen an Vilmas Grab und auch durch den Schmerz ihrer Abwesenheit. Besonders Vilma fehlt in der Familie, weshalb sich bei Elli kein richtiges Gefühl von Vollständigkeit einstellen kann. Es schmerzt sie, dass Heidi ihre große Schwester nicht erlebt, und auch dass Arne, der vom Typ her ganz klar ein zweites Kind ist, niemanden hat, an dem er sich orientieren kann.

Die Warum-Frage stellen Elli und Micha nicht. Auch den Satz: „Alles hat einen Sinn", können sie nicht hören.

Eine Freundin von Elli, die auch ein Kind verloren hat, formuliert es so: „Es gibt zwar durchaus Entwicklungen danach, für die ich dankbar bin, aber der Preis ist zu hoch. Wenn ich gefragt worden wäre, hätte ich gerne darauf verzichtet." Auch in Anbetracht des Elends in der Welt, der sinnlos sterbenden Kinder, empfänden sie es als Hohn, allem einen Sinn beimessen zu wollen.

Trotz ihrer schweren Geschichte, empfinden die beiden so viel Dankbarkeit. Sie fühlen sich privilegiert und gesegnet. Sie würden jedem Paar mit einer schwierigen Kinderwunschgeschichte oder ungewollter Kinderlosigkeit ans Herz legen, offensiv damit umzugehen, um die Sprachlosigkeit zu durchbrechen.

Micha: „Wenn man sich von sich aus verletzlich macht, erlebt man oftmals mehr Nähe, mehr Anteilnahme, mehr Miteinander. Alle anderen packen dann auch aus, und in solchen Situationen denk ich immer: *Irre, es ist doch gut, dass wir jetzt einander haben. Das ist doch besser als verkrampft.*“

Judith und Jörg

Gottes Wege sind gut

Judith lerne ich auch über andere Kontakte kennen. Ihre Geschichte hat sie selbst aufgeschrieben.

Wie alles begann

Eigentlich ist schon immer klar gewesen, dass ich irgendwann mal Mutter werde. Davon war ich felsenfest überzeugt. Das war meine Berufung. Ich habe angefangen zu studieren und dachte immer nebenher, vielleicht auch mehr unbewusst als bewusst: *Das kannst du später mit Kindern alles unter einen Hut kriegen.*

Dann lernte ich im Studium Jörg kennen. Nach zwei Jahren haben wir geheiratet. Und von Beginn an war klar: Wir wollen gemeinsam Kinder haben. Nicht nur eigene Kinder, sondern gerne auch Kinder aufnehmen. Das war für uns beide schon klar bevor wir uns kannten und gemeinsam nun sehr gut realisierbar. Am Anfang unserer Ehe mussten wir uns jedoch erst einmal in unsere Berufe einfinden und in einer neuen Stadt ankommen.

Nach zweieinhalb Jahren haben wir uns dann entschlossen, nicht mehr zu verhüten. Durch unsere sicheren Jobs war alles vorbereitet und wir dachten, dass es mit dem Schwangerwerden nach der Verhütung ganz fix gehen würde. So war es jedenfalls bei *allen anderen*, warum nicht auch bei uns? Doch augenscheinlich wurde so schnell nichts daraus. Das war zwar komisch, aber auch erst mal kein Drama, denn wir wären so ziemlich die ersten Eltern in unserem Bekanntenkreis gewesen.

Freundschaft und Kinderwunsch

November 2014

Ich bin gerade 27 geworden. Mittlerweile sind wir ein Jahr auf dem Kinderwunschweg. Einige Frauenärzte haben mich mit den allseits beliebten Worten abgespeist: „Warten Sie ab, Sie sind ja noch so jung." Aber irgendwie sagte mein Bauchgefühl, dass noch mehr dahinterstecken muss.

Vorgeschichte: Im Sommer mache ich mich auf in den Urlaub zu einer Freundin nach Berlin. Alles sehr unbeschwert und locker. Doch das Thema Kinderwunsch ist immer in meinem Hinterkopf präsent. Da sind viele Fragen, die mir im Kopf rumschwirren.

Mit einer weiteren Freundin sitzen wir schließlich in einem sehr schicken alternativen Café, als das Thema Kinder auf den Tisch kommt. Die eine will warten, vielleicht sogar gar keine Kinder haben. Die andere sagt: „Ja, so langsam reden mein Mann und ich drüber." Ich sitze da und sage nur: „Meine Liebe, ich glaube ja, dass du eher schwanger wirst als ich."

Zurück in den November. Jörg und ich fahren an die Nordsee, um den Kopf freizubekommen. Auf der Autobahn ruft mich besagte Freundin an. Wir plaudern etwas und dann kommt es: „Du, ich bin schwanger. Ganz überraschend. Es hat beim ersten Versuch geklappt."

Ich bekomme Herzrasen, versuche mich dabei möglichst authentisch zu freuen und stelle komische Fragen, um Interesse zu heucheln. Doch das Gespräch ist seltsam. Wir, beide hochsensibel, merken das und beenden es zügig. Ich starre kurz auf die Autobahn und fange dann bitterlich an zu weinen.

Jörg fährt bei der nächsten Ausfahrt raus und lässt mich weinen. Wir reden miteinander, er macht mich auf meine seltsame Reaktion aufmerksam, und dann fahren wir weiter in den Urlaub, wo ich den Kopf freibekommen wollte. Doch das Gespräch sitzt tief. Zum einen, weil ich es irgendwie unfair finde, dass es manchen so leicht fällt, schwanger zu werden – das macht mich traurig und wütend –, aber vor allem merke ich, dass ich mich verändere.

Ich will nicht frustriert sein und will mich für meine Freundin freuen können. Ich will mir offen ihre Sorgen und Hoffnungen anhören, ohne direkt bei meinem Thema zu sein. Ich will mich, meine Freundschaften und meine Ehe nicht von diesem Thema beherrschen lassen. Ich weiß doch: Da ist einer, der hat das alles in seiner Hand.

Nach einigen Tagen mit einem mulmigen Gefühl im Magen schaffe ich es, sie anzurufen. Ich bitte sie um Entschuldigung für mein unmögliches Verhalten, versuche mich zu erklären und sie versteht mich. Sie hat gemerkt, dass es nicht leicht für mich war. Es ist schön, wir können uns aussprechen und somit unsere

Freundschaft vertiefen. Wir wissen, dass dieses Thema uns dünnhäutig macht, und dennoch vereinbaren wir, dass wir keinen Eiertanz daraus machen wollen. Wir wollen einander ehrlich, offen und authentisch zuhören können.

Manche Freundschaften halten so etwas aus – das sind die wertvollsten und heiligsten.

Wenn das Kartenhaus in sich zusammenfällt

Schließlich wende ich mich an meine Frauenärztin, die uns direkt ins Kinderwunschzentrum überweist. Wir lassen dort beide einige Untersuchungen über uns ergehen. Schnell kommt raus: *Da stimmt was nicht!* Die Ergebnisse sind so schlecht, dass uns direkt zur *künstlichen Befruchtung* geraten wird. Dies trifft uns hart und wirft uns aus der Bahn. Denn *künstliche Befruchtung* kommt für uns nicht infrage.

Es gibt Momente im Leben, die fühlen sich an, als würde unser Kartenhaus in sich zusammenfallen. Alles, was ich mir für meine Zukunft erträumt habe, wird schlagartig infrage gestellt. *Mein Leben ist bisher gut verlaufen, dafür bin ich sehr dankbar. So sollte es doch sicher auch weitergehen, meine Pläne würden sich schon erfüllen – meine Pläne, mein Gefühl von Sicherheit und alles in der Hand zu halten*, dachte ich. Doch dem ist leider nicht so.

Mein Ziel war stets, eine Mutter zu sein. Tief in mir spürte ich das und spüre es auch heute. Es gab keinen anderen Plan für mich – mein eigenes wunderschönes Kartenhaus. Und dann kommt der Moment, in dem diese eine Karte gezogen wird, auf der mein Haus gegründet ist: *Wir werden keine Kinder bekommen. Ich werde nie schwanger sein. Nie ein eigenes Kind stillen.* Alles fällt in sich zusammen.

Was mache ich mit meinem Leben, wenn ich keine Mutter sein kann? Bin ich dann überhaupt eine richtige Frau? Was macht das mit unserer Ehe?

Jörg und ich brauchen drei Tage, um wieder Boden unter den Füßen zu spüren und die umherliegenden Karten aufzusammeln. Wir igeln uns ein. Drei Tage mit Tränenschleier vor dem Gesicht, aber auch drei heilende Tage. Wir rufen Freunde an, um mit ihnen zu beten. Ich glaube, man kann diese Erfahrung mit der Trauer um den Verlust eines geliebten Menschen vergleichen. Ja, wir müssen uns von unserem gewollten und bereits geliebten und gewünschten Kind verabschieden. Wir müssen uns verabschieden von Zukunftsvorstellungen, eigenen Erwartungen und auch Rollenmustern.

Jetzt, mit etwas Abstand, kann ich sagen: Wenn mein Kartenhaus in sich zusammenfällt, spüre ich, dass ich nicht tiefer fallen kann als in die Hand meines mich liebenden Gottes. Er weiß um alles. Er wusste davon, bevor Jörg und ich uns kennenlernten. Ich weiß, dass Jörg und ich es zusammen meistern. Ich weiß, wir können auch zu zweit bleiben und einfach zu zweit glücklich sein. Es macht mich stolz, dass unsere Beziehung diese Situation aushält.

Diese Sicherheiten füllen mich mit einem tiefen Frieden aus.

Der Weg zu dem Dahinter

Sommer 2015

Mein Mann und ich haben Urlaub. Wir fahren eine Woche mit dem Rad, mit verschiedenen Etappenstopps bei Freunden, zu meinen Eltern. Wir wollen einfach Zeit miteinander und auch nebeneinander genießen und uns über einiges bewusst werden. Dabei wird mir klar: *Ich kann meinen Kinderwunsch nicht so einfach aufgeben.*

Ja, wir haben uns schon früh entschlossen, keine künstlichen oder ärztlichen Behandlungen vornehmen zu lassen. Wir haben beide ganz schnell festgestellt, dass wir uns davor schützen wollen, in diesen Kreislauf von Behandlung und Enttäuschung zu geraten. Und ja, wir haben darüber nachgedacht, was es noch für Alternativen gibt: *Adoption? Ein Pflegekind?*

Jetzt wird mir klar: *So weit bin ich noch nicht, ich möchte noch nicht aufgeben, nicht loslassen – was auch immer das bedeutet.*

Für meinen Mann ist das okay. Wieder zu Hause angekommen besuche ich eine Freundin. Wir gehen in einen Gottesdienst, und die Predigt handelt von Jesus, der mitten in einem Sturm in einem Boot schläft. Ein Satz bleibt in mir hängen und hallt nach: „Hast du Jesus schon geweckt, in der Situation, in der du gerade steckst?"

Schlagartig wird mir klar: *Nein, das habe ich wohl nicht gemacht. Klar, wir haben über unserer Situation gebetet und Gott gesagt, wie ätzend wir alles finden. Aber ihn wirklich um Hilfe und Führung gebeten? Das haben wir nicht.* Zurück zu Hause bei meinem Mann beten wir gemeinsam und *wecken Jesus auf.*

Zu dieser Predigt passt auch das Lied *Oceans* von *Hillsong*, das mir während der schlimmen Zeit des Kinderwunsches immer Trost gegeben hat. Dort heißt es: *I will call upon your name, and keep my eyes above the waves.* So fühle ich mich in dieser Zeit. Umgeben von Wellen, immer in dem Versuch, die Augen auf Gott zu halten, werde ich durchgerüttelt. Ich habe keinen festen Grund unter mir und spüre, dass meine Lebensziele und Grundlagen verschwimmen.

Einige Tage später lädt mich eine Freundin ein, mit ihr auf eine christliche Frauenkonferenz zu gehen. Da ich noch Urlaub habe, sage ich sofort zu. Und ich kann sagen: „So klar wie dort hat Gott noch nie zu mir gesprochen."

Es geht in einem der Referate um die Bibelstelle in 5. Mose 3,25 (Luther 1912): „Lass mich hinübergehen und sehen das gute Land jenseits des Jordans, dies gute Gebirge und den Libanon."

Bäm, das war's. Das traf genau in mein Leben. Was soll ich überwinden? Was soll ich dahinter sehen können? Während diese Bibelstelle nachhallt, wird das Lied *Oceans* gespielt. Wer schon mal in einer Menschenmenge von Frauen aus vollem Hals gesungen hat, kann sich die Gänsehaut vorstellen, die dabei entstehen kann.

Ich schließe meine Augen, singe und bete. Da schenkt mir Gott eine Vision. Eine klare Vision meines bisherigen, meines aktuellen und meines zukünftigen Lebens. Das Leben der Zukunft zeigt meinen Mann und mich umgeben von Kindern. Und gleichzeitig höre ich Gottes klare Ansprache an mich, so klar, dass mich eine deutliche Stimme anspricht, mit dem Auftrag: „Judith, kannst du bitte am Montag im Jugendamt anrufen?"

Das haut mich von den Socken. Es ist eindeutig, ich habe eine Aufgabe. Und wie soll ich diese Bitte auch ablehnen, wo er doch immerhin „Bitte" gesagt hat?

Ich fahre nach Hause und fühle mich, als ob ich schwebe. Meine Freude ist überschwänglich, es ist, als sei ein Knoten geplatzt. Alle Trübsal und Zweifel sind verflogen. Zu Hause angekommen erzähle ich meine Erfahrung meinem Mann. Wir beide weinen und es ist klar, was wir am Tag darauf tun.

Unsere neue Reise beginnt an diesem Wochenende. Wir dürfen sehen was *dahinter – jenseits des Jordans* – auf uns wartet. Hinter all dem Schmerz, dem Kummer und der Enttäuschung. Wir werden Eltern werden. Anders als geplant, aber wir werden Kindern ein Zuhause geben. Wir werden Pflegeeltern.

Die ersten Schritte Richtung Pflegekind

Herbst 2015

Jörg und ich gehen die ersten Schritte in Richtung Pflegekind. Was uns immer wieder gesagt wird: „Die Kinder bringen alle ihren eigenen Rucksack voller Erfahrungen, Verletzungen, Enttäuschungen und Traumatisierungen mit." Bedenkt man, dass ein so kleines Wesen, was auch immer es erlebt hat, zusätzlich seine bisher bekannten Bezugspersonen verliert, so bringt dieser Rucksack große Herausforderungen mit. Deshalb besteht unsere Verantwortung und der große Wunsch darin, dass *unser* Kind bei uns seinen Rucksack nach und nach auspacken kann.

Unser inniger Wunsch ist es, dem Kind zu vermitteln: „Du bist geliebt und gewollt. Es gibt einen sehr liebevollen Gott und Vater, der dich erschaffen hat. Deine Eltern haben es versucht, aber sie konnten es nicht besser. Gott und wir lieben dich und feiern, dass du bei uns bist." Wenn *unser* Kind mit diesem Wissen aufwachsen und diese tiefe Gewissheit für sich annehmen kann, ist dies ein großes Geschenk und ein wichtiger Schritt zu seiner Heilung.

Auf dem Abstellgleis

Januar 2017

Nun ist der Bewerbungsprozess abgeschlossen und wir warten schon einige Monate auf ein Pflegekind. Ich fühle mich innerlich wie auf ein Abstellgleis gestellt. Alle um mich herum fahren mit ihren Lebensplanungen fort (Hausbau, Hauskauf, erstes, zweites oder drittes Kind …) und ich warte nun schon seit so langer Zeit darauf, dass sich meine Lebenssituation verändert. Ich habe getan, was ich konnte und nun heißt es einfach warten. Abhängig sein, das Steuer nicht in der Hand zu haben und gleichzeitig bereit zu sein, bei Anruf ad hoc aktiv zu werden. Das strengt mich an. So sehr, dass ich mir einen Schutzpanzer aus Sarkasmus und Pragmatismus anlege, um die Hoffnung nicht zu sehr blühen zu lassen.

Der Schutzanzug besteht aus: *Ach, das wird ja sowieso nichts. Wer weiß, wann das passiert?* bis zu: *Möchte ich das eigentlich wirklich selbst noch?* Diesen Anzug heißt es mit Gottes Hilfe immer wieder auszuziehen und mir seine Zusagen neu vor Augen zu halten. Und dann heißt es: treu sein. Treu sein im Warten und treu sein in meinen Gedanken.

Neben all den Tagen, an denen ich mit meinem Leben und meiner Situation in der Beziehung zu meinem Gott gut klarkomme, stehen Tage wie heute. Wir sind zum gemeinsamen Essen mit Freunden eingeladen, allesamt Freunde mit Kindern. Ich frage meine Sitznachbarin, wie es ihr geht. Sie entgegnet, sie seien gerade dabei, ihr Haus zu planen und ein neues Familienmitglied sei auch unterwegs.

Bäm. Ich freue mich für sie, wirklich. Ich nehme sie in den Arm und gratuliere und frage die üblichen Fragen, die an dieser Stelle angebracht sind. Sie ist so alt wie ich und bekommt nun das dritte Kind. Aber hey: Alles ist noch gut.

Dann irgendwann erfahre ich, dass meine andere Tischnachbarin auch mit dem zweiten Kind schwanger ist, beziehungsweise sehe ich ihren Bauch. Sie sagt es mir nicht, und ich weiß es eigentlich auch gar nicht offiziell, aber es wird am Tisch darüber geredet. Ich bin völlig überfordert und weiß nicht, wie ich reagieren soll. Eigentlich reagiere ich gar nicht. Und eigentlich ist es doch schön, dass an diesem Tisch vier Frauen sitzen wovon zwei schwanger sind. Eigentlich. Das Treffen ist echt nett und mittlerweile bin ich Profi darin, mir meine Gefühle nicht anmerken zu lassen.

Während wir ins Auto steigen, lasse ich einen stummen Schrei ab und mein Mann, der am anderen Ende des Tisches saß, weiß bereits, was mit mir los ist und hält einfach meine Hand. Wir reden über die Situation. Mir fällt auf, dass ich es tatsächlich immer mehr vermeide, schwangere Frauen zu sehen. Freundinnen, die schwanger sind und weit genug weg wohnen, habe ich teilweise neun Monate einfach nicht gesehen. Ich gehe Schwangerschaften aus dem Weg, mit dem Hintergedanken: *Ein Kind kann ich bekommen, aber eine Schwangerschaft kann ich nicht erleben.*

Tja, was soll ich sagen. Ich freue mich für die Familien und freue mich für die Kinder, die Geschwister bekommen, aber es geht immer noch nicht spurlos an mir vorüber, und ehrlich gesagt weiß ich nicht, ob es das jemals wird oder muss. Ich weiß nur: So ist es. So ist *mein* Leben und so ist *ihr* Leben. Das muss ich aushalten. Das ist die Realität.

Meine Realität, in der ich nun in meinem stillen Wohnzimmer sitze und entspannt der Ruhe lauschen kann. Und wenn es das für jetzt ist, dann ist das so und das ist okay.

Der Umgang mit den anderen

In den letzten Jahren habe ich gelernt, mit den Fragen und Reaktionen von nahestehenden und nicht allzu nahestehenden Menschen zum Thema Kinder(-wunsch) umzugehen. Irgendwie befand ich mich plötzlich in einer Position, in der ich nicht sein wollte. Eigentlich wollte ich doch so gerne ein Kind bekommen und natürlich auch gerne meinen Freunden und meiner Familie davon berichten. Aber so war es nun mal nicht. Und komischerweise befand ich mich in Gesprächen immer wieder in einer Art Erklärungsnot und fühlte mich wie auf einer Anklagebank. Natürlich hat mich dort keiner hingesetzt, aber ich fühlte mich so. Oder ich fühlte die Blicke von den Personen, die sich nicht trauten, nachzufragen.

Gerade in einer christlichen Gemeinde als Frau eines Hauptamtlichen fühlte ich mich unter besonderer Beobachtung. Vielleicht war und ist es gar nicht so, aber es ist meine gefühlte und wahrgenommene Realität. Also musste ich mir einen Umgang mit diesem Gefühl überlegen. Eine Art, auf Fragen zu reagieren, ohne mich selbst dabei verletzbar zu machen und weiterhin die Kontrolle über meine Aussagen zu behalten. Ich wollte mich in keine Situation begeben, in der ich in eine Ecke hätte gedrängt werden können. Und ich wollte nicht mit Menschen über meine Gefühle reden, denen ich sie sicherlich nicht erzählen wollte.

Natürlich war und ist mir gleichzeitig immer bewusst, dass diese Menschen es nicht böse meinen, sondern sich wirklich ernsthaft interessieren und vielleicht sogar dafür beten. Aber ich musste mir eine Strategie überlegen, wie ich damit umgehe. Denn wir waren offensichtlich schon einige Jahre verheiratet, sehr kinderfreundlich und trotzdem stellte sich kein Nachwuchs ein. Da sah ich förmlich die Fragezeichen über ihren Köpfen aufploppen.

Bei Bekannten und Verwandten entschied ich mich für die offensive Variante. Unserer Familie erzählten wir ungefragt davon und auch unseren Freunden. Bekannten erzählte ich davon, wenn sie fragten, wie es mir geht, und zwar ganz offensiv. „Nein, es klappt nicht. Gott hat anscheinend einen anderen Plan, und das wird sicherlich spannend." So konnte ich die Kontrolle über meine Gefühle behalten und nahm den Menschen gleich den Wind aus den Segeln für eventuelles Rumgetratsche.

Oft erntete ich Betroffenheit und es ergaben sich wirklich gute Gespräche. Hin und wieder kam dann direkt die Frage: „An wem liegt es denn?" Direkt nach unserer Diagnose haben wir uns dafür entschieden, die Antwort so zu formulieren, dass *wir* keine Kinder bekommen können. In unserer Ehe nehmen wir uns als *eins* wahr, deshalb haben wir weder unter uns beiden jemals Schuldgefühle aufkommen lassen noch groß über das Thema gesprochen. Dementsprechend haben wir solche Fragen auch beantwortet. *Wir* können keine leiblichen Kinder bekommen, eine andere Antwort haben wir nie gegeben.

An eine bestimmte Situation in diesem Zusammenhang denke ich sehr gerne zurück: Ein lediger Freund kam auf mich zu und fragte mich sehr gut gelaunt und wirklich freundlich, wann es denn bei uns mal losgehen würde, er würde ja nun schon so darauf warten und sich so für uns freuen.

Meine Reaktion darauf: „Du, daran haben wir ja noch gar nicht gedacht. Krass. Aber wenn du darauf wartest, dann sollten wir ja mal loslegen und natürlich bist du dann der erste, der informiert wird." Mir gegenüber standen zwei große Augen inklusive offenem Mund. Natürlich habe ich ihn dann noch freundlich darauf hingewiesen, dass man solche Aussagen und Fragen mit Bedacht stellen sollte, denn man wisse nie, welche Gefühle man beim Gegenüber auslöst. Und anschießend hatten wir uns wieder lieb.

Aber: Es ist manchmal ein Eiertanz. Ein Eiertanz mit dem Gefühl, sich rechtfertigen zu müssen. Doch das ist Quatsch. Ich weiß, einige der Fragen sind wirklich lieb gemeint und von echtem Interesse geprägt. Auch deshalb gehe ich mit dem Thema so offensiv um.

Für viele Menschen ist es weiterhin selbstverständlich, dass Kinder einfach so entstehen. Die Welt der *Kinderlosigkeit* kennen viele nicht und haben noch nie darüber nachgedacht. Dementsprechend ist unsere Gruppe in der Gesellschaft recht unterrepräsentiert. Es herrscht ein Mangel an Sprachfähigkeit über dieses Thema mit dem passenden Beigeschmack an Emotionen.

Ich wünsche mir einen bewusst vorsichtigen emotionalen Umgang, der einfach nur fragt: Wie geht es dir? Kann ich für etwas beten? Wenn dieser Jemand darüber reden will, dann kann man einfach zuhören, mitreden kann man sowieso nicht, denn alles Gesagte wären nur leere Sprachhülsen. Wenn jedoch auf diese Frage keine Antwort kommt, sollte man es auf sich beruhen lassen.

Der Anruf

März 2017

Ich sitze an einer Ausarbeitung für meine Ausbildung, auf einmal ruft *das Jugendamt* an. Ich bin gedanklich voll in meinem Thema: „Hallo, ich würde gerne einen Termin mit Ihnen vereinbaren, wir haben einen Kindervorschlag für Sie."

Und wie reagiere ich darauf? „Ach so, alles klar, ja dann am besten Montag, das passt ja immer gut. Super, vielen Dank, dann bis Montag."

Tut tut tut ...

Ich lege auf und mache weiter, als hätte ich gerade einen Zahnarzttermin vereinbart. Nach zirka fünf Minuten sackt das eben Gehörte tiefer in mein Verständnis und ich realisiere: *Wow, das war jetzt der Anruf, auf den wir gefühlt seit anderthalb Jahren warten. Krass!*

Dann schreibe ich schnell meinem Mann, dass er mich mal anrufen soll, und das tut er auch. Ob ich was gefragt hätte, fragt er mich. Ob sie mir was über das Kind erzählt hätte.

„Öhhhm, nö, nicht so wirklich."

Eigentlich ist das lustig. Da plant, hofft, denkt und fühlt man so lange und wenn dann der ersehnte Anruf kommt, ist es irgendwie doch ein normaler Anruf. Und ich bin sehr entspannt. Ich hatte eigentlich gedacht, dass ich dann total durchdrehe. Nein, ich bin ruhig – und zuversichtlich. Ich vertraue einfach darauf, dass Gott einen guten Grund hatte, bis jetzt zu warten und dass er einen guten Grund hat, dass der Anruf in diesem Augenblick kommt. Alles Weitere lege ich in seine Hand und bin entspannt gespannt auf Montag.

Einige Tage später

Heute nun haben wir die Mutter des Kleinen getroffen. Wir hatten ein sehr gutes Gespräch. Moderiert von der Dame aus dem Jugendamt konnte sie ihre Befürchtungen und Wünsche äußern. Sie kann sich sehr gut vorstellen, dass ihr Kleiner zu uns kommt, dass wir seine neue Familie werden. So gut habe ich mir das Gespräch wirklich nicht ausgemalt. Ich dachte, es wäre irgendwie angespannter oder seltsamer. Wir konnten sogar miteinander lachen. Verrückt.

Mehrmals haben wir uns tief in die Augen gesehen und sie sagte mir: „Bitte, pass gut auf meinen Kleinen auf."

Und ich konnte ihr antworten: „Ich verspreche dir, das mache ich."

Genauso wichtig war es, ihr zu sagen, dass sie die Mutter bleibe. Dass sie weiterhin Rechte habe und in alle wichtigen Dinge, die außerhalb des Alltags anliegen, mit einbezogen werde. Ich bin sooo dankbar dafür, wie es gelaufen ist und dass wir nun mit einem guten Bauchgefühl in die Zukunft starten können. Auch wenn wir natürlich nicht wissen, ob es so harmonisch weitergeht und wie der Kleine sich entwickeln wird.

Aber: Das Leben ist eine Wundertüte und ich erwarte, dass Gott viele Wunder tun kann!

Wir werden eine Familie … irgendwie

Sommer 2017

Mittlerweile lebt *der kleine Mann* nun seit beinahe drei Monaten bei uns – und er ist tatsächlich nicht mehr wegzudenken. Dieser *kleine Mann* ist ein Sonnenschein durch und durch. Er hat seinen eigenen Willen und den weiß er beizeiten auch deutlich kundzutun, aber selbst das kann ich (noch) genießen. Ich bin eigentlich eine sehr strukturierte Person, aber unser Alltag hat sich bisher noch nicht so richtig einpendeln können.

Mittlerweile haben wir seinen Geburtstag feiern dürfen und letztens hatten wir Freunde mit drei Kindern zu Besuch. Als wir im Garten spielten, war alles kein Problem. Aber als die Familie dann spontan zum Abendbrot blieb und mit in die Wohnung kam, war unser Junge sehr verwirrt. Er kam immer wieder zu mir gerannt, wollte auf meinen Arm, klopfte mir auf die Brust und sagte immer wieder „Mama". Dabei hörte ich sowohl ein Ausrufezeichen als auch ein Fragezeichen. Immer wieder bestätigte ich ihm, dass ich seine „Mama" bin, er bei mir sicher ist und unsere Freunde später nach Hause fahren, wir aber bleiben. Was er tatsächlich davon verstand, weiß ich natürlich nicht, aber es ging ja auch primär um ein zu übermittelndes Gefühl der Sicherheit, durch Worte und ganz bewusstes Festhalten.

Mir macht dieses Erlebnis deutlich, dass es in ihm arbeitet, und das ist gut. Er schläft jeden Abend entweder auf meiner oder Jörgs Brust ein. Ich merke, wie ruhig er wird, wenn er auf mir liegt und ich für ihn bete. Und wie er es liebt, morgens in unser Bett getragen zu werden und einfach noch zu kuscheln, am besten wieder auf uns. Das sind immer wieder geschenkte Momente, die wir ganz bewusst genießen. Und die wir ihm gönnen.

Zu viert

Dezember 2019

Einige Zeit ist vergangen und viel ist passiert. Seit ein paar Monaten lebt nun unser zweiter Pflegesohn bei uns. Wir wurden wieder durcheinander geworfen und mussten uns neu finden – neu als Eltern und als großer und kleiner Bruder. Wir genießen die Zeit zu viert sehr, auch wenn es tatsächlich oft recht anstrengend ist. Die Rucksäcke der Kinder sind voll und einiges wurde bereits ausgepackt, vieles aber noch nicht. Das prägt unseren Alltag und unsere Gespräche. Wir sind eine *andere* Familie und das macht sich oft bemerkbar, in vielen kleinen und großen Dingen des Alltags. Aber wir sind da, wo Gott uns haben wollte. Und hier ist es schön und richtig. Besser hätte es nicht werden können. Auch der Prozess des Wartens, Aushaltens, Akzeptierens und der Neubeginn mit allen Veränderungen hat uns sehr zum Positiven verändert.

Der Text ist eine gekürzte und bearbeitete Fassung von Judiths Blog, den sie zur Zeit ihres Kinderwunsches geschrieben hat.

Fragen an Christina Brudereck

Christina Brudereck, Jahrgang 1969, ist Theologin.

Sie arbeitet als Schriftstellerin und Künstlerin.

Lebt in Essen in einer evangelischen Kommunität.

Schreibt, spricht, reimt und reist und verbindet dabei Poesie, Spiritualität und Menschenrechtsfragen.

Gemeinsam mit ihrem Mann, dem Pianisten Ben Seipel, bildet sie das Duo 2Flügel.

Sie liebt Indien, Südafrika, das Ruhrgebiet, Schokolade, Grün, Lindigkeit und über allem die Liebe.

Christina, wie kann ein biologisch unfruchtbarer Mensch Gottes Geheiß: „Seid fruchtbar und mehret euch" verstehen?

Wenn meine Großmutter zu meinen Schwestern und mir sagte: „Ihr seid mir ja ein paar schöne Früchtchen!", klang das nach einem süßen Kompliment. Sie klang selber schelmisch, wenn sie so über uns drei Schlingel sprach. Bei Früchtchen dachten wir an Omas Garten. Mit schwarzen Johannisbeeren, Himbeeren, Erdbeeren, einem Baum voller Mirabellen. Wir Menschen empfangen, teilen, schenken, ernten, bringen viel zur Welt. Fruchtbar ist nicht nur ein kinderreiches Leben. Früchte sind auch Gärten,

Geschichten, Umarmungen, unser Einsatz für Gleichwürdigkeit. Fruchtbar sind wir Menschen nicht nur als Väter und Mütter, sondern auch als Ärztin, Paketbote, Nachbarin, guter Freund oder Enkeltochter. „Seid fruchtbar" ist eine große Einladung, die Welt zu beschenken. Mit mir selbst und allem, was ich schenken kann.

Bin ich auch kinderlos ein vollwertiger Mensch, oder fehlt mir irgendwas?

Ja, es fehlt etwas. Und dieses Fehlen kann sehr wehtun. Aber es fehlt immer etwas. Es gibt keinen Menschen, dem nichts fehlt – keine Person, die alles hat, kann, weiß, schafft. Gleichwürdig sind wir. Unabhängig davon, ob wir reich sind, erfolgreich, arm, gesund, im Rollstuhl sitzen, berühmt, unscheinbar, sportlich, jung, alt, attraktiv, schwerhörig, Mutter, kinderlos. Gott hat uns alle ins Leben geliebt.

Wie kann ich weiterhin an einen liebevollen Gott glauben, der es gut mit mir meint, wenn mir mein sehnlichster Wunsch nach eigenen Kindern verwehrt bleibt?

Diese Frage ist zu groß für ein paar Sätze. Selbst wenn ich als Theologin aufgefordert bin, einen Vortrag zu diesem Thema zu halten, komme ich mit einer Stunde Zeit an meine Grenzen. Auch, weil ich den Schmerz, der in dieser Frage mitklingt, würdigen will. Kurz und sehr persönlich könnte ich sagen: Ich vertraue Gott trotzig. Je älter ich werde, je mehr Länder dieser Erde, menschliche Geschichten und eigene Lücken ich erlebt habe, desto trotziger. Dass Jesus von Nazareth selbst fragt: „Warum?" – das war für mich immer eine tröstliche Spur. Ich hänge mich an den, der so fragt. Vertraue mit ihm, dass wir nicht in Leid und Tod bleiben –

auch wenn es sich anfühlt wie ewig und drei Tage. Also: Ich vertraue trotzig, dass das Leben am Ende das letzte Wort hat.

Werden wir unsere im Mutterleib gestorbenen Kinder je kennenlernen?
Ich vertraue auf ein Wiedersehen in Liebe mit allen.

Wie kann ich um meinen gestorbenen Kinderwunsch trauern? Wo ist der Friedhof, wo ist Platz dafür in der Gesellschaft?
Ich kenne einen Friedhof in Berlin, eine Art Park. Da gibt es extra viel schönen Platz für Sternenkinder. Kinder, die zu früh geboren wurden. Kinder, die nicht leben konnten. Hier finden sich lauter Windmühlen, Engel und Herzen. Dass es für unsere toten Kinder so einen Ort gibt, hat mich sehr getröstet.

Nun aber: Wo ist der Park für die unerhörten Gebete und unerfüllten Träume? Neulich habe ich einen Gottesdienst am Ewigkeitssonntag erlebt. Wir waren eingeladen, Kerzen anzuzünden für unsere Toten. Eine bunte Kerze für eine Person, von der wir uns im vergangenen Jahr verabschieden mussten. Und dann sagte die priesterliche Person, die dieses Ritual anleitete: „Ihr könnt auch eine Kerze anzünden für einen Herzenswunsch, der verlorenging. Für eine Sehnsucht, die ihr gehen lassen musstet." Ich habe das als sehr einladend erlebt. Und die Gespräche im Nachgang zeigten mir, dass viele sich hier bergen konnten mit ihren unbeantworteten Fragen.

Mehr von Christina Brudereck auf: christinabrudereck.de und 2fluegel.de

Christina Brudereck

Kinderlos I

Die ganze Stadt scheint plötzlich schwanger zu sein.
Überall Frauen, die ein Kind erwarten.
Im Wartezimmer. Im Supermarkt. In der Kirche.
Alle anderen Themen werden verdrängt von ihren Bäuchen.
Mein Herz kreist nur noch um diesen einen unerfüllten Wunsch.

Mein Körper hat keinen Sinn.
Erfüllt sich nicht. Erfüllt seinen Zweck nicht.
Wie soll ich ihn mögen?
Ich bin keine Frau. Höchstens ein Mädchen. Ein leeres Mädchen.
Meine Uhr tickt.
Aber meine Gebärmutter lässt sich nicht wecken.
Von Monat zu Monat. Zyklus zu Zyklus.
Schmerzen, die nichts bringen.
Ich blute immer nur ins Nichts.

Kinder sind wunderbar.
Patenkinder, Nichten und Neffen.

Spielplätze und Eisdielen.
Tante zu sein, ist großartig.
Aber kein Mensch kann je einen anderen ersetzen, der fehlt.
Ich habe Angst davor, diese fremden Kinder zu sehr zu lieben.
Und Weihnachten wird immer schwerer.
Vielleicht fällt es in diesem Jahr aus für mich.

Mein Mann ist wunderbar.
Aber ich werde ihn nicht zum Vater machen.
Und meine Mutter nicht zu einer Großmutter.
Meinen Vater nicht zu einem Großvater.
Ich bin eine Enttäuschung.
Für die, die ich liebe, und für mich selbst.
Denn ich werde mich nicht zur Mutter machen.

Und was wirst Du tun, wenn ich fragen darf?
Der Du aus Tohuwabohu eine ganze Welt schaffst?
Einer Jungfrau einen Messias schenkst?
Und Deinen Toten aus dem Grab zurück ins Lebens rufst?
Was ist Dein Plan?
Übersehe ich Dein Wunder für mich?

Christina Brudereck, Kinderlos I, in: dies., Worte meines Herzens. Gebete für Frauen. © 2015 Neukirchener Verlagsgesellschaft mbH, Neukirchen-Vluyn, 3. Auflage 2018, S. 32–33.

Kinderlos II

Ich höre ihre Stimmen.
Egoistisch sei ich.
Und wolle wohl lieber autark bleiben.
Die Karriere sei nicht alles.
Das Glück, ein Baby zu haben, mit nichts zu toppen.
Ich solle doch endlich auch loslegen.
Worauf ich noch warte?
Einen perfekten Zeitpunkt für ein Kind gebe es nicht.
Ich frage: Wie wäre es mit jetzt?

Ich höre ihre Stimmen.
Zu beneiden sei ich.
Um meine Freiheit.
Die ohne Zahnen und volle Windeln lebt.
Um meinen festen Busen, der nie stillen musste.
Um die Nächte, die ich alle durchschlafen durfte.
Den Kurzurlaub, den ich mir leisten kann.
Die vielen Kinoabende, für die ich keinen Babysitter brauche.
Und eine Menge Geld habe ich ja auch gespart.
Ich frage: Wollt Ihr tauschen?

Ich höre Deine Stimme:
„Juble, Du Unfruchtbare, die du nicht geboren hast.
Brich in Jubel aus und jauchze die du nicht schwanger warst.
Denn zahlreicher sind die Kinder der Verwüsteten
als die der Ehefrau, spricht GOTT.
Hab keine Angst, du wirst nicht gekränkt werden,
ja, du wirst dich nicht beschämt fühlen.
Denn Berge mögen wohl weichen und Hügel wanken,
aber meine Treue wird nicht von dir weichen
und mein Friedensbund nicht wanken,
spricht GOTT, voll tiefer Liebe.“ (Jesaja 54, Verse 1, 4 & 10)
Ich glaube Deiner Stimme.

Christina Brudereck, Kinderlos II, in: dies., Worte meines Herzens. Gebete für Frauen.

Medizinische und beraterische Sichtweise auf den unerfüllten Kinderwunsch

Ein Interview mit Dr. med. Ute Buth

Ute Buth ist Gynäkologin, zertifizierte Sexualberaterin der Deutschen Gesellschaft für Sexualforschung (DGfS) und leitet die Beratungsstelle *herzenskunst* in Bochum. Die Buchautorin u. a. von „Frau sein, Sexualität mit Leib und Seele" sowie „Ich warte noch auf dich" zum Thema *Unerfüllter Kinderwunsch* ist außerdem Fachberaterin für Gynäkologie beim Weißen Kreuz Deutschland e.V. Für Team-F[1] leitet sie das Seminar *Ein unerfüllter Kinderwunsch ist kein Spaziergang*[2], und mit ihrem Mann gemeinsam das Seminarwochenende *Sexualität in der Ehe*. Zu diesen Themen bietet sie Einzelpersonen und Paaren besondere Beratung an. Im Interview beleuchtet sie das Thema unerfüllter Kinderwunsch aus ihrer professionellen Perspektive.

---

1 *https://www.team-f.de/, 23.1.20.*

2 *https://www.team-f.de/de/seminaruebersicht__37/?evtContDetail=829, 23.1.20.*

Frau Buth, welche Rolle spielt das Alter des Paares für die Fruchtbarkeit?

Mit Anfang dreißig lässt die Fruchtbarkeit von Frauen allgemein langsam nach, ab Mitte dreißig sogar deutlich. Bei der Frau zeigt sich dies etwas früher, doch auch für den Mann gibt es inzwischen Studien, die auf eine altersabhängige Abnahme der Fruchtbarkeit hinweisen. Dies sind allerdings nur die statistischen Wegweiser. Man sollte vorsichtig sein und diese nicht mit der Fruchtbarkeit des Einzelnen gleichsetzen. Es gibt immer mal wieder Frauen, die zum Beispiel jenseits ihres vierzigsten Geburtstags noch problemlos schwanger werden, daraus kann man aber keine Gewähr ableiten. Denn andere Frauen wiederum haben bereits mit vierzig Jahren keine Monatsblutung mehr, und selbst eine regelmäßige Periode muss nicht bedeuten, dass noch befruchtungsfähige Eizellen vorhanden sind. Was das Alter des Paares individuell bedeutet, muss man also sorgfältig im Einzelfall betrachten.

Das höhere Alter beim Kinderwunsch nimmt ja ohnehin in unseren gesellschaftlichen Lebensweisen einen immer größeren Stellenwert ein. Früher bekam man das erste Kind durchschnittlich viel früher. Damit fiel der Kinderwunsch fast schon *automatisch* in eine Zeit von guter Fruchtbarkeit. Wenn wir heute erst eine intensive Berufsausbildung machen, dann noch Jahre im Beruf arbeiten (wollen) und/oder den Lebenspartner spät kennenlernen, kommen diese Fragen viel mehr zum Tragen.

Parallel hat sich in der Medizin eine Menge weiterentwickelt. Viele Menschen setzen daher auf die Möglichkeiten der modernen Fortpflanzungsmedizin, erst recht falls Probleme auftreten sollten. Diese kann jedoch auch nicht in jedem Fall helfen. Für

Menschen mit Kinderwunsch ist es daher ratsam, die Altersfrage soweit möglich auch mit auf dem Radar zu haben. Dies sage ich aber durchaus wissend und anerkennend, dass viele Betroffene diesbezüglich wenig Handlungsspielraum haben. Und natürlich möchte man nicht, dass dieses Wissen Betroffene mit unerfülltem Kinderwunsch noch zusätzlich unter Druck setzt.

Gleichzeitig kommen wir nicht umhin anzusprechen, dass das Alter einen wichtigen Faktor darstellt, und dass gerade bei älteren Ratsuchenden mitunter Monate entscheiden *können*. Deshalb halte ich es für ratsam, sorgsam abzuwägen und wo möglich lieber frühzeitig zumindest einen medizinischen Rat einzuholen. Dann kann man anschließend immer noch entscheiden, welche Schritte sich in welcher Reihenfolge anbieten und ob man diese gehen möchte.

Würden Sie Frauen, die sich Kinder wünschen, aber noch keine Möglichkeit haben, welche zu bekommen, ab einem bestimmten Alter raten, Eizellen einfrieren zu lassen?

Das ist eine komplexe Fragestellung. Zunächst klingt es so einfach machbar. Man friert mal eben die Eizellen ein und hat damit für die Zukunft vorgesorgt. Es gibt dabei jedoch verschiedene Ebenen und Faktoren zu bedenken. Wer Eizellen einfrieren lassen möchte, benötigt zuvor eine umfassende Hormonbehandlung. Danach müssen diese Eizellen in einer Narkose entnommen werden. Um sie viel später (normalerweise Jahre) nutzen zu können, müssen die Eizellen fachgerecht über einen langen Zeitraum bei sehr tiefen Temperaturen gelagert werden. Schon für die Vorbehandlung und die Lagerung fallen Kosten an, die locker im vierstelligen Bereich liegen. Je nach individuellen Komplikationen steigt der Preis durchaus weiter. Doch damit nicht genug. Man entscheidet sich mit diesem Vorgehen ja auch dafür, später eine künstliche Befruchtung vornehmen zu lassen, die nochmal Geld kostet und die darüber hinaus weitere ethische Fragen aufwerfen kann.

Es gibt Lebenssituationen, in denen das Einlagern der Eizellen (oder Samenzellen beim Mann) eine sehr gute Option darstellt, die man früher nicht hatte, dazu gehört eine frühe Erkrankung an Krebs und der Wunsch, die Keimzellen vor einer Chemotherapie oder Bestrahlung zu schützen.

Bedenklich wird es aus meiner Sicht, wenn der Druck des Arbeitgebers Angestellte nötigt, auf diesem Weg eine Familiengründung auf später zu verschieben und es nicht ihre freie Entscheidung ist. Jeder, der ein solches Vorgehen für sich in Erwägung zieht, sollte im Einzelfall in Ruhe und gut informiert überlegen, ob dieser Schritt dran und eine freiwillige Entscheidung ist. Ich würde jedem raten, sich vorher intensiv mit der ganzen Thematik zu beschäftigen: Was für ein Gesamtpaket kaufe ich mir ein, will ich das und kann ich das auch langfristig finanziell leisten? Auch wenn man dann vielleicht selbst ruhigen Gewissens diese Entscheidung für sich trifft, ist man doch nicht davor gefeit, dass irgendwann der zukünftige Partner den Standpunkt vertritt, dass für ihn/sie eine künstliche Befruchtung nicht in Frage kommt.

Wie erklären Sie, dass Frauen in der Kinderwunschzeit manchmal verspätet ihre Periode bekommen?

Die Hormonachse, die den weiblichen Zyklus steuert, läuft über das Gehirn. Im Gehirn, in der Hirnanhangdrüse und in den Eierstöcken sind die drei verschiedenen Stationen, in denen Hormone gebildet werden, die wiederum miteinander in Wechselwirkungen treten. Wir wissen ja schon von Situationen außerhalb einer Schwangerschaft, dass beispielsweise Stress zu einer Verschiebung oder gar zum Ausbleiben der Periode führen kann. Auch Infekte oder Reisen über die Zeitzonen hinweg können Ursachen dafür sein. Unser Zyklus ist also insgesamt störanfällig. Das kann bei einem starken Kinderwunsch auch einmal dazu führen, dass der Zyklus sich nach hinten verschiebt.

In Ihrem Buch sprechen Sie davon, dass etwa 70 Prozent der unfruchtbaren Paare durch die Reproduktionsmedizin in Deutschland geholfen werden kann. Gibt es Anhaltspunkte, in welchen Fällen es besonders unwahrscheinlich ist, dass die Reproduktionsmedizin helfen kann?

Diese Zahl nannte man mir im Rahmen einer Hospitation in der Reproduktionsmedizin. Sie mag schwanken, doch generell ist es ja logisch, dass bestimmte Diagnosen wie Gendefekte oder gänzlich fehlende Keimzellen auch durch die moderne Reproduktionsmedizin nicht per se geheilt werden können. Allein in seltenen Fällen können trotz fehlender Samenzellen im Ejakulat noch einzelne Samenzellen aus den Hoden oder Nebenhoden gewonnen werden.

Sonst bleibt nur noch die Entscheidung, ob man den Samen eines Samenspenders verwenden möchte, mit allen neuen Fragen, die das wieder auslöst.

Es ist also wichtig, sich bei der Reproduktionsmedizin zu vergegenwärtigen, dass nicht allen Ratsuchenden geholfen werden kann, und sich als Betroffene mit anderen Lebensentwürfen auseinanderzusetzen, falls sich dieser Weg als nicht gangbar herausstellt.

Was raten Sie Paaren, die sich in einem Kinderwunschzentrum in Behandlung begeben wollen?

Informieren Sie sich vorher gut, und klären Sie möglichst vorab Ihre ethischen Eckpunkte und Restriktionen für sich allein und als Paar. Gehen Sie nicht einfach davon aus, dass beide Partner gleich denken. Schieben Sie die Verantwortung für ethische Entscheidungen auch nicht den behandelnden Ärzten zu. Die können schließlich einen ganz anderen Werterahmen haben als Sie. Letzten Endes sollten Sie allein und als Paar mit den getroffenen Entscheidungen langfristig leben und Frieden finden können. Daher ist es wichtig, dass Sie auch die Eigenverantwortung dafür übernehmen, sorgsam recherchieren (ggf. auch mit der Hilfe von Fachleuten) und Ihre eigenen Entscheidungen auf eine gute Wissensbasis stellen.

Ist dies vorab nicht geschehen, wird es sehr herausfordernd, wenn Sie schon mitten in einer Behandlung drinstecken, und erst dann einer merkt, dass er das gar nicht kann oder will. Das ist dann für beide Partner sehr heikel und kritisch. Es ist einfach schwierig, wenn im Verlauf einer Behandlung ständig die eigenen ethischen Grenzen verschoben werden müssen, etwa weil man schon so viel investiert hat, und dann doch immer weitermacht. Wie hoch ist der Preis, wenn der Kinderwunsch vielleicht erfüllt wird, daran aber die Partnerschaft scheitert, weil einer der beiden langfristig nicht mit den Entscheidungen leben kann?

Generell sollten Sie auch drauf achten, ob Sie sich in einer Praxis wohl, gut aufgehoben und mit Ihren Fragen oder auch ethischen Restriktionen ernstgenommen fühlen. Falls Sie das Empfinden haben, dass Ihre Randbedingungen nicht respektiert werden und Sie sich gedrängt fühlen, sich dem Behandlungskonzept der Praxis anschließen zu müssen, schieben Sie ein innerliches Unwohlsein nicht einfach weg. Es hilft nicht, wenn Sie langfristig unzufrieden sind. Auch wenn dieses Zentrum in der Nähe ist und eine Alternative mitunter schlechter zu erreichen ist, schauen Sie sich im Fall der Fälle lieber zumindest noch ein anderes Zentrum an und prüfen Sie, ob Sie dort besser zurechtkommen.

Mitunter kann es auch dran sein, die eigenen Irritationen klärend anzusprechen und zu erfragen, inwiefern man auch mit seinen eigenen Randbedingungen hier vor Ort behandelt werden kann. Auch darf man unterscheiden, ob man erst mal nur zur Diagnostik oder schon zur Therapie in ein Kinderwunschzentrum geht und sollte dies auch klar kommunizieren.

Woran viele gar nicht denken: Medizinische Diagnosen können unter Umständen auch noch ganz andere Konsequenzen haben, weit über den unerfüllten Kinderwunsch hinaus. Beim Abschluss von Versicherungen (Krankenversicherung, Unfallversicherung, Lebensversicherung etc.) können durch bestimmte Diagnosen Aufschläge anfallen, oder man wird womöglich von einer

Versicherung abgelehnt, beispielsweise, wenn man eine Berufsunfähigkeitsversicherung abschließen möchte.

Wo sehen Sie Chancen, und was sollte man bedenken, wenn man die Verfahren IVF oder ICSI in Erwägung zieht?

Insgesamt bieten IVF und ICSI Menschen, die Hindernisse haben, auf natürlichem Weg schwanger zu werden, ganz neue Möglichkeiten, die es früher nicht gab. Zugleich sollte man die Wirkweise dieser Methoden der künstlichen Befruchtung verstehen, um zu erfassen, wo mitunter gewisse Herausforderungen oder Schwierigkeiten entstehen können: Normalerweise reift zum Beispiel im Körper der Frau pro Monat nur eine Eizelle heran. In Vorbereitung auf die *künstliche Befruchtung* umgeht man durch die Hormontherapie diese natürliche Begrenzung des Körpers. Etliche Frauen vertragen das gut. Bei anderen kann es zu einer Überstimulation mit körperlichen Nebenwirkungen kommen. In sehr seltenen Fällen kann es sogar lebensbedrohliche Komplikationen geben. Deshalb sollte man sich in einem Zentrum behandeln lassen, das über sehr viel Erfahrung verfügt und jede Frau individuell behandelt. Das senkt das Risiko für eine Überstimulation, kann es letztlich aber nicht ganz ausschließen.

Außerdem werden in einer Narkose Eizellen entnommen. Narkosen haben stets eigene Risiken, ganz unabhängig von der Reproduktionsmedizin. Für das Verfahren müssen die zuvor stimulierten Eierstöcke durch die Scheide unter Ultraschallsicht punktiert werden. Die Scheide wird desinfiziert, ist jedoch an sich nicht steril. Weil man beim Punktieren eine Verbindung zum sterilen

Bauchraum herstellt, beinhaltet das zumindest die Möglichkeiten von Infektionen im sterilen Bauchraum. Außerdem können beim Punktieren Blutgefäße getroffen werden. Meist treten dabei aber keine schwerwiegenden Komplikationen auf.

Sind dann die Eizellen einmal gewonnen, stellt sich die Frage des weiteren Vorgehens. In Deutschland dürfen maximal zwei bis drei befruchtete Eizellen eingesetzt werden. Das wiederum wirft Folgefragen auf: Sind Sie bereit, überzählige befruchtete Eizellen einzufrieren? Und: Wie klar ist der Lebensbeginn eigentlich zu fassen?

Biologisch gesehen sind aktive Zellteilungen ein anerkanntes Lebenszeichen. Schon die erste Zelle beginnt kurz nach der Befruchtung durch die Samenzelle mit solchen Zellteilungen. Wie aber versteht man das Vorkernstadium, wenn für Stunden die Zellkerne von Ei- und Samenzelle in einer gemeinsamen Zelle noch getrennt nebeneinanderliegen, bevor sie sich zu einem Zellkern vereinen, woraufhin dann unmittelbar die Zellteilungen beginnen? Getrennte Zellkerne in einer Zelle, die wohlgemerkt schon alle Eigenschaften des gerade gezeugten Menschen in sich tragen, und die, wenn man sie in diesem Stadium einfriert, kurz vor dem Verschmelzen der Zellkerne quasi in einer Momentaufnahme auf *Standby* eingefroren werden. Hier ist unklar, ob sie nach dem späteren Auftauen mit dem Verschmelzen unter idealen Laborbedingungen fortfahren können oder ob sie bei Zimmertemperatur absterben oder verworfen werden, weil sie doch nicht mehr benötigt wurden. Wo beginnt für Sie das Leben? Und welche Konsequenzen ziehen Sie daraus?

Das Embryonenschutzgesetz in Deutschland gibt es schon seit Jahrzehnten, doch seitdem hat sich die Reproduktionsmedizin stark entwickelt. Daher gibt es derzeit je nach Bundesland in Deutschland unterschiedliche Auslegungen. Es bleibt abzuwarten, wie sich dies nach einer Überarbeitung des Gesetzes verändern wird.

Manche frieren befruchtete Eizellen nur im Vorkernstadium ein, andere auch, wenn es schon Embryonen im Mehrzellstadium sind. Wären Sie bereit, überzählige eingefrorene befruchtete Eizellen oder Embryonen verwerfen zu lassen, wenn Ihr Kinderwunsch abgeschlossen ist? Oder leben diese aus Ihrer Sicht und das wäre für Sie nicht vorstellbar? Und falls Sie diese als lebendig betrachten, wäre es ethisch überhaupt zu vereinbaren, sie einzufrieren? Fragen, die besser vorab geklärt werden, als in der konkreten Situation.

Für einige Paare stellt es auch ein Problem dar, Dritte in die Fortpflanzung mit einzubeziehen, etwa wenn der Samen des Mannes oder das befruchtete Ei von medizinischen Helfern in die Gebärmutter eingesetzt wird. Manche Klienten berichteten davon, dass in dem Praxisraum, in dem der Mann die Samenprobe gewinnen sollte, mitunter pornografisches Material auslag. Das kann für einige Klienten durchaus ein Problem darstellen. Sie empfinden es als paradox sich auf fremde Frauen zu fokussieren, um mit ihrer eigenen ein Kind zu zeugen. Man kann dann mit der Kinderwunschpraxis klären, ob es möglich ist, die Samenzellen zu Hause zu gewinnen oder falls pornografisches Material da ist, ob es solange weggeräumt werden kann. Nicht alle Situationen, in die man kommt, sind jedoch vorher abschätzbar. Umso wichtiger ist es, die eigenen Randbedingungen vorher möglichst klar abgesteckt zu haben.

Es kann auch herausfordernd werden, wenn bestimmte Therapiemuster dem Paar besondere Entscheidungen nahelegen. Wenn man beispielsweise einen Embryonentransfer gemacht hat und es nicht zur Schwangerschaft gekommen ist, empfiehlt der Behandler eventuell, gleich im nächsten Zyklus die nächste hormonelle Stimulation vorzunehmen oder eine weitere befruchtete Eizelle einzusetzen. Das Paar hat dann vielleicht aber noch gar nicht verarbeitet, was da gerade passiert ist. Immerhin wurde(n) der Frau ja eine oder sogar mehrere bereits lebendige Keimzelle(n) transferiert. Wenn dann das Einnisten nicht gelingt und das Kind in diesem frühen Stadium abstirbt, kann es wie eine Fehlgeburt empfunden werden. Daher sollte das Paar gut auf sich achten und, wenn es nötig ist, auch erwägen, Pausen einzulegen, anstatt widerstrebend einem medizinischen Fahrplan zu folgen.

Was gibt es in Bezug auf ein erhöhtes Mehrlingsrisiko bei künstlicher Befruchtung zu bedenken?

Mehrlinge können grundsätzlich bei jeder Schwangerschaft vorkommen, nicht nur bei künstlichen Befruchtungen. Die Wahrscheinlichkeit dafür ist aber an sich gering. Bei der künstlichen Befruchtung haben wir die Besonderheit, dass natürliche Körpermechanismen zum Schutz vor Mehrlingen umgangen werden können. Zum Beispiel indem mehr Eibläschen am Eierstock zum Heranreifen gebracht werden. Das kann bei bestimmten hormonellen Stimulationen so weit gehen, dass man dem Paar aufgrund von zu vielen herangereiften Eizellen rät, in diesem Monat zur fruchtbaren Zeit keinen Sex zu haben, da das Risiko für Mehrlinge zu hoch ist.

Bei der Befruchtung außerhalb des Körpers hängt das Mehrlingsrisiko davon ab, wie viele Embryonen in die Gebärmutter der Frau zurückgegeben werden. Sogar eine einzige befruchtete

Eizelle kann sich noch einmal komplett teilen und zu eineiigen Zwillingen führen. Das tut sie im Normalfall selten, wie wir an eineiigen Zwillingen erkennen können.

Die menschliche Gebärmutter ist im Gegensatz zu der von vielen Tieren nicht für Mehrlinge konzipiert. Schon bei Zwillingen besteht die Gefahr, dass vorzeitige Wehen einsetzen und die Kinder zu früh geboren werden. Sind es Drillinge oder mehr, so kann es sein, dass von 40 Wochen Schwangerschaft zum Beispiel nur 30 Wochen oder sogar weniger erreicht werden und die Kinder als Frühgeburten zur Welt kommen. Dadurch kann ihre Lebensfähigkeit eingeschränkt sein oder sie versterben direkt.

Mittlerweile gibt es viele medizinische Möglichkeiten. Es treten jedoch bei Frühgeborenen teilweise Begleiterkrankungen auf, und manche Frühgeborene versterben doch noch im Verlauf der ersten Lebensmonate. Man sollte sich über diese Risiken im Klaren sein.

Eine Mehrlingsschwangerschaft kann auch bedeuten, dass alle Kinder noch in der Gebärmutter versterben oder dass einem ein sogenannter *selektiver Fetozid* nahegelegt wird. Dabei werden einzelne Kinder abgetötet, damit die anderen bessere Überlebenschancen haben (oder auch weil ein Kind eine Behinderung aufweist). Dies sind äußerst schwerwiegende Entscheidungen, vor die niemand gestellt werden möchte. Man kann sich kaum vorstellen, in welche Not so etwas werdende Eltern bringt. Denn man kann sich ja quasi nur falsch entscheiden. Verzichtet man auf den Fetozid, sterben dann womöglich alle Kinder? Oder entscheidet man sich für das Töten einzelner Kinder, hätten sie dann vielleicht doch alle überlebt? Wohlgemerkt ist dies kein fernes Zukunftsszenario. Selektive Fetozide werden in Deutschland bereits seit vielen Jahren vorgenommen.

Was sind Hauptursachen für Fehlgeburten?

Das kann man nicht so einfach beantworten. Zum einen werden in der Gynäkologie normalerweise ein oder zwei Fehlgeburten, die eine Frau erlebt, nicht speziell untersucht. Das liegt daran, dass Fehlgeburten an sich recht häufig sind. Meist wird daher erst näher untersucht, ob es einen speziellen Grund gibt, wenn mehr als zwei Fehlgeburten in Serie aufgetreten sind. Laut einer Quelle liegen bei 70 Prozent[3] der Fehlgeburten genetische Ursachen vor. Es gibt nun mal bestimmte Fehlgeburten, die genetisch gesehen nicht lebensfähig sind.

Auch andere Faktoren wie Alkohol, Drogen, Medikamentennebenwirkungen, Röntgenaufnahmen oder Krankheiten können mit ursächlich sein: Hormonelle Erkrankungen der Frau, Rhesuskonflikte (Blutgruppenunverträglichkeiten) oder Infektionskrankheiten wie etwa eine Rötelninfektion. Auch frühere Schwangerschaftsabbrüche oder Fehlgeburten, insbesondere, wenn sie mit Infektionen einhergegangen sind, können durch Vernarbungen der Gebärmutter oder der Eileiter zu Komplikationen wie einer Fehlgeburt oder einer Eileiterschwangerschaft führen. Es gibt also zig Faktoren/Ursachen, die allein oder in Kombination zu einer Fehlgeburt führen können.

Hinzu kommt, dass sich ein gewisser Prozentsatz von befruchteten Eizellen auch ohne erkennbaren Grund nicht einnistet. Obwohl das Schwangerschaftshormon positiv nachgewiesen wurde, kommt keine Schwangerschaft zustande. Das heißt, es gibt nicht

---

3 *https://de.iliveok.com/health/gefahr-einer-fehlgeburt-die-hauptursachen-symptome-und-behandlung_109179i15935.html, 22.1.20.*

immer einen speziell erkennbaren Grund dafür, dass sich eine befruchtete Eizelle nicht einnistet.

Im Einzelfall ist es auch wichtig, die Frau/das Paar nicht mit der Frage nach dem Warum noch mehr in Bedrängnis zu bringen als sie es eh schon ist/sind. Natürlich fragen sich Betroffene oftmals, woran es gelegen hat, wenn sie ein Kind verloren haben, und ob sie irgendetwas dazu hätten beitragen können, dass das nicht passiert. Doch meist führt das zu keiner konkreten Erkenntnis.

Für viele Betroffene ist es hilfreich zu wissen, dass sie nicht die Einzige(n) sind, bei der/denen Fehlgeburten vorkommen. Und trotzdem tröstet das im Einzelfall nicht über den Verlust des eigenen Kindes hinweg. Man muss nach und nach lernen, mit dem Schmerz umzugehen und Wege finden, das ganze Geschehen möglichst konstruktiv zu verarbeiten. Kein Kind kann ein anderes ersetzen. Von leichtfertigen Aussagen wie: „Du bist/Ihr seid ja noch so jung." oder „Du wirst/Ihr werdet bald ein anderes Kind haben/wieder schwanger werden.", ist daher dringend abzuraten.

Wie kann sich ein unerfüllter Kinderwunsch auf die Sexualität auswirken?

Paare mit unerfülltem Kinderwunsch geraten mitunter in eine Art Sog. Alles dreht sich nur noch um dieses eine Thema. Die Sexualität sollte sich jedoch nicht nur um den Kinderwunsch drehen. Man gerät dann schnell in die Gefahr, nur noch Sex nach Plan zu haben. Unter dem Motto, jetzt ist die Fruchtbarkeit da, dann müssen wir halt Sex haben, sonst nutzen wir unsere Chancen nicht, und heute lassen wir es lieber, wir können ja jetzt eh nicht schwanger werden.

Die größte Intimität, die man mit einem anderen Menschen haben kann, immer auf Kommando und zweckorientiert haben zu müssen, kann auf Dauer extrem frustrierend und ernüchternd sein. Dadurch wird die Sexualität quasi einzig auf den Nenner der Erfüllung des Kinderwunsches reduziert.

Manche Paare sitzen dann dem Denkfehler auf: *Ok, wenn wir das jetzt für eine Zeit lang machen, damit sich unser Kinderwunsch erfüllt, ist das ja alles kein Problem.* Ihnen ist nicht bewusst, dass sie als Paar damit auch ihre sexuelle Lerngeschichte prägen. Einige werden böse davon überrascht, dass der Verlust von Erotik und die Reduktion von Sexualität allein auf den Kinderwunsch sich hinterher nicht unbedingt automatisch wieder ändern. Und das sowohl, wenn der Kinderwunsch sich erfüllt, als auch, wenn er unerfüllt bleibt. Darum ist es für Paare wichtig zu schauen, wie sie auch in Zeiten, in denen sie ziemlich sicher sind, nicht schwanger zu werden, Intimität genießen können. Und dass sie während der fruchtbaren Tage im Gespräch darüber bleiben, ob sie es sich wirklich vorstellen können, miteinander zu schlafen oder ob sie Sex jetzt nur auf Biegen und Brechen haben würden.

In den verschiedenen Lebensbereichen ist es ja so, dass es jeweils einen verlangensstärkeren- und einen verlangensschwächeren Partner in einer Beziehung gibt – auch im Kinderwunsch. Und wenn man dabei die eigenen Restriktionen ganz außer Acht lässt, kann es vorkommen, dass sich ein Partner irgendwann nur noch als Erfüllungsgehilfe des anderen empfindet. Wenn man feststellt, dass sich solche Tendenzen einstellen, ist es wichtig, wo es möglich ist, das Gespräch mit dem Partner außerhalb einer konkreten sexuellen Situation in Ruhe zu suchen, aus der Ich-Perspektive zu sprechen und Vorwürfe zu vermeiden.

Falls ein Paar feststellt, diesen Punkt haben wir leider verpasst, wir kommen allein nicht mehr konstruktiv ins Gespräch oder wünschen uns die Sichtweise eines unbeteiligten Dritten, gibt es die Möglichkeit, dass sie sich dann professionelle Hilfe suchen. Auch ohne konkrete Schwierigkeiten ist es für Paare mit unerfülltem Kinderwunsch wichtig, ihre Paarqualitätszeit im Blick zu haben und zu pflegen.

Wie können Paare mit der vermeintlichen Schuldfrage umgehen, wenn ein Partner die Diagnose „unfruchtbar" erhält?

Aus meiner Erfahrung ist es entscheidend, wie gefestigt eine Beziehung ist, wenn so eine Diagnose gestellt wird. Wenn die Diagnose zu Beginn der Partnerschaft bekannt ist, schafft das ganz andere Voraussetzungen, mit denen man sich auf eine Partnerschaft einlassen kann oder eben nicht. Wenn man schon eine Ehe eingegangen ist und sich auf diesen Lebensweg miteinander begeben hat, und dann erhält man so eine Diagnose, verkraften erfahrungsgemäß diejenigen Paare, die schon lange miteinander unterwegs sind, so etwas besser als Paare, die erst kurz zusammen sind, weil sie einfach enger zusammengewachsen sind. Das hilft ihnen, sich der Thematik als gemeinsames Thema zu stellen.

Was die angesprochene *Schuldfrage* angeht, so finde ich diese aus verschiedenen Gründen heikel. Wenn jemanden mehr oder weniger plötzlich die Diagnose der Unfruchtbarkeit trifft, ist es ja ganz oft so, dass derjenige selbst gar nichts dafürkann. Einen genetischen Defekt oder eine Erkrankung im Kindesalter, die dazu geführt hat, dass im Erwachsenenalter keine Samenzellen im Samenerguss eines Mannes aufzufinden sind, hat er sich beispielsweise nicht selbst ausgesucht.

Hinzu kommt, dass man beim Samenerguss erst mal ja gar keine Veranlassung hat, daran zu zweifeln, dass Samen da sind. (Genauso wenig weiß eine Frau mit regelmäßigen Menstruationsblutungen sicher, ob dabei befruchtungsfähige Eizellen vorhanden sind.) Man kann mit bloßem Auge nicht unterscheiden, ob im Samenerguss Samenzellen enthalten sind. Die Flüssigkeit der Bläschendrüsen und der Vorsteherdrüse wird auch ohne Samenzellen ausgeschieden. Erstellt man dann eine Diagnostik, in der plötzlich herausgefunden wird, dass gar keine Samenzellen da sind, ist das für die betroffenen Männer meist ein großer Schock, der sie mitunter tief in ihrer Identität trifft. Ähnlich ergeht es Frauen, denen eine Diagnostik womöglich erstmals aufzeigt, dass ihre Eileiter verklebt und damit nicht durchgängig sind, und dass sie auf natürlichem Weg nicht schwanger werden können, vielleicht *nur*, weil sie als Kind eine Blinddarmentzündung hatten, deren Folgen zu einer Infektion des Bauchraums führte.

Mit diesen Hiobsbotschaften müssen die betroffenen Personen ja erst einmal selbst klarkommen. In solch einer Situation nun auch noch eine wie auch immer geartete *Schuldfrage* in den Raum zu stellen, ist unsinnig und alles andere als hilfreich!

Auch wenn man eine Ursache für die Problematik bei sich erkennt, weil einem vielleicht schmerzlich klar wird, dass er sich bei einem früheren Sexualpartner mit einer Infektionskrankheit angesteckt hat, dann ist das doch in aller Regel nicht bewusst geschehen. Und selbst wenn jemand in seiner *Sturm- und Drangzeit* Entscheidungen getroffen hat, die er/sie heute nicht mehr versteht, ist es doch so, dass alles Grämen und Ärgern einem kein Zeitreiseticket zurück verschafft. Außerdem trifft man Entscheidungen ja stets auf Basis der *Karten*, die man zu dem Zeitpunkt auf der Hand hat. Man kann seine Lebenssituation von vor X Jahren nun mal nicht mit den Karten beurteilen, die man heute auf der Hand hat.

Praktisch heißt das: Nicht verurteilen, sondern verstehen. Trauern, wo trauern dran ist, und zugleich anzuerkennen, dass es hinsichtlich mancher Entscheidungen oder Folgen der Vergangenheit wichtig ist, seinen Frieden mit ihnen zu schließen, sich anschließend neu aufzustellen und nach vorne zu gehen.

Häufig verändern sich im unerfüllten Kinderwunsch Freundschaften bis hin zur Isolation eines Paares. Wie lässt sich dem entgegenwirken?

Soweit es ihm möglich ist, sollte ein Paar versuchen, seine Sozialkontakte aufrechtzuerhalten. Das fällt beiden nicht immer gleich leicht. Und es kann sehr herausfordernd sein, wenn im Umfeld plötzlich alle befreundeten Paare Eltern werden, praktisch das erleben, was man sich so sehr wünscht, und man selbst das Gefühl hat, wieder leer auszugehen. Manche leiden auch darunter, dass sie im Gespräch nicht mehr die gleichen Themen haben. Die Freunde sprechen ständig nur über ihre Kinder und/oder die vom unerfüllten Kinderwunsch betroffenen Personen können es bisweilen einfach nicht mehr ertragen, schon wieder jemanden mit Baby zu sehen. All das sind ganz normale Empfindungen, für die man sich nicht verurteilen sollte. Sie machen ja den eigenen Schmerz deutlich. Und es geht in aller Regel nicht darum, dass man dem anderen etwas Böses wünscht.

Meist ist es hilfreich, das eigene Empfinden genauer zu betrachten, sich ernst zu nehmen und zu schauen, was genau brauche ich, und was ist gerade nicht hilfreich. Was kann ich? Und wo liegen meine Grenzen? Manchmal kann man so ein Thema innerhalb von Freundschaften auch sensibel ansprechen und zum Beispiel gemeinsam überlegen, über welche Themen man vorrangig sprechen möchte oder welche Fragen hilfreich sind und welche eher nicht. Auch wenn der Freundschaftsfokus sich vielleicht in manchen Konstellationen verschieben mag, ist es doch auch wichtig, sich nicht von allem und jedem abzukapseln.

Für manche Betroffenen war es ein regelrechter Befreiungsmoment, als sie entschieden haben, ihren unerfüllten Kinderwunsch nicht mehr zu tabuisieren und zu verstecken. Sie erlebten mit der neuen Transparenz, dass andere ihnen gegenüber viel rücksichtsvoller wurden. Eine Garantie ist das jedoch nicht. Daher sollten Betroffene für sich in Ruhe überlegen, welche Schritte wann dran sind und wie sie sich aufstellen möchten.

Man hört ja immer wieder die saloppe Aussage, dass Schwangerschaften dann eintreten, wenn das Paar seinen Kinderwunsch losgelassen hat. Deshalb kennt wohl jeder in dieser Situation den Rat: „Ihr müsst nur loslassen, dann klappt es!" Was denken Sie über diese Aussage? Und gibt es aus Ihrer Sicht tatsächlich Möglichkeiten, sich während der Kinderwunschzeit weniger auf das Thema zu fokussieren?

Es stimmt, da sind immer mal wieder Paare, die den Kinderwunsch resigniert loslassen und dann auf einmal doch noch auf natürlichem Weg Eltern werden. Bei dem ja nur pseudowissenschaftlichen Umkehrschluss „Ihr müsst euch nur genug entspannen, dann wird das schon", ist aber Vorsicht geboten.

Erstens löst diese Vorgabe, *du musst dich nur entspannen* (schon das Wortspiel zeigt, wie paradox der Anspruch ist) natürlich schon per se einen enormen Druck aus. Und dieser steigt noch mehr bei den Betroffenen, die am Ende kein leibliches Kind in den Armen halten oder sehr lange damit unterwegs sind. Denn ganz schnell steht durch die Umwelt und/oder durch einen selbst der Vorwurf im Raum, sich nur *nicht richtig* entspannt zu haben und damit selbst für den ausbleibenden Erfolg verantwortlich zu sein.

Zweitens steigt ja, je länger der Weg ist und je älter das Paar wird, durch die Länge der Zeit und die tickende biologische Uhr ohnehin der Druck. Da ist es fast schon schizophren, eine Entspannung *einzufordern*, weil das dieser Dynamik genau zuwiderläuft.

Und drittens, was aus meiner Sicht am zentralsten ist, verhilft selbst die allergrößte Entspannung Paaren, die keine Kinder bekommen können, nicht plötzlich zu einem Kind. Schlussendlich kann man den Kinderwunsch nicht einfach wegzaubern. Das ist ähnlich wie mit dem rosaroten Elefanten, an den man nicht denken will. Je mehr man etwas vermeiden will, umso mehr steht es im Raum.

Was kann also gegebenenfalls helfen? Betroffene, die ich kenne, haben es teilweise geschafft, andere Dinge mehr ins Zentrum ihres Lebens zu rücken, zum Beispiel indem sie sich auf Dinge wie die gemeinsame Berufung als Paar konzentriert haben. Manche haben sich ein Jahr Auszeit genommen und etwas ganz anderes gemacht, zum Beispiel eine Bibelschule besucht. Einzelne haben gesagt, sie machen noch mal ein Studium oder sie wählen eine andere berufliche Ausrichtung/Weiterbildung. Wieder andere haben sich auf einen Plan-B-Weg, wie Adoption oder die Aufnahme von Pflegekindern, begeben. All das führte dazu, dass ihr Wunsch nach leiblichen Kindern weniger im Zentrum stand. In Luft auflösen kann man ihn aber nicht!

Wenn man mit einem unerfüllten Kinderwunsch unterwegs ist, kann man aber auch der Lüge auf den Leim gehen, dass das Leben nur mit eigenen Kindern sinnvoll ist und in einen „wenn erst dann"-Zustand geraten, man ist dann immer auf Stand-by, unter dem Motto: *Erst wenn Kinder da sind, kann ich glücklich sein, kann ich aufatmen, werde ich zur Ruhe kommen …* Das gilt natürlich auch für andere Themen, wie den gewünschten Ehepartner, wenn man Single ist.

Doch Vorsicht, mit einem solchen Glaubenssatz spricht man immer wieder eine negative selbsterfüllende Prophezeiung über der eigenen Zukunft aus. Ein generelles Ja dazu zu finden, dass das eigene Leben auch ohne eigene Kinder glücklich verlaufen kann, bedeutet ja nicht, dass es auch so kommen muss und man kinderlos bleibt.

In meinem Buch „Ich warte noch auf dich" verwende ich das Bild, den Kinderwunsch auch vor Gott auf offener Hand zu tragen, anstatt sich daran festzukrallen. Das eröffnet die Möglichkeit, dass in der eigenen Hand auch Dinge landen, die man selbst sonst gar nicht entdeckt hätte. Der Volksmund sagt, dass man aus Steinen, die einem in den Weg gelegt werden, etwas anderes bauen kann. Manchmal führt der unerfüllte Kinderwunsch tatsächlich dazu, dass man in bestimmten Bereichen eine Berufung entdeckt, die man sonst gar nicht gesehen hätte. Mitunter dann auch ohne eigene Kinder, manchmal aber kommen sie auf dem weiteren Weg doch noch dazu.

Gibt es aus Ihrer Erfahrung einen Zeitpunkt, zu dem es sinnvoll wäre, den Kinderwunsch loszulassen, und was kann dabei helfen?

Den *einen Zeitpunkt*, der für alle gilt, gibt es sowieso nicht. Es ist eine höchst individuelle tiefgehende Entscheidung oder eher noch ein Prozess. Den kann nur jeder für sich selbst durchlaufen. Bei diesem hochsensiblen Thema sollte nach Möglichkeit alles vermieden werden, was den Betroffenen ihre Autonomie nimmt. Auch kann man nicht davon ausgehen, dass das Paar diesen Prozess unbedingt zeitgleich durchläuft. Vielmehr ist es wahrscheinlicher, dass einer für sich früher an den Punkt kommt, diesen Wunsch beiseitelegen zu können und der andere mehr Zeit braucht. Zugleich bedeutet dies für den anderen womöglich von jetzt auf gleich mit dem Kinderwunsch ganz alleine in der Partnerschaft unterwegs zu sein.

Ähnlich geht es Menschen, die in einer Beziehung mit einer Person ohne Kinderwunsch unterwegs sind. Das ist hart und einsam, und es wäre wünschenswert, dass ein Paar auch darüber konstruktiv im Gespräch sein kann, notfalls mit Hilfe einer Moderation in einer erfahrenen Beratung. Auch für Singles, Alleinerziehende, Verwitwete oder Geschiedene ist es oft ein herausfordernder Prozess, den eigenen Kinderwunsch und gegebenenfalls damit verbundene andere Wünsche loszulassen. Wenn sie sich damit alleine schwertun, kann auch hier eine Beratung/professionelle Begleitung hilfreich sein.

Zunächst ist es wichtig, der Trauer Raum zu geben, Alternativen zu besprechen und zu klären und schließlich die Alternativen auszuleben oder sie in Frieden beiseitezulegen.

Warum aber ist es so schwer, einen Kinderwunsch loszulassen? Nun, man hat ja viel investiert: die lange Zeit, in der man sich damit beschäftigt hat, Nerven, die einen das gekostet hat, die Hoffnung, die man bis zuletzt hochgehalten hat und nicht zuletzt das viele Geld, das man vielleicht investiert hat, ohne irgendeinen positive Gegenwert dafür erhalten zu haben. Manche haben sich schon ein Haus mit Kinderzimmern gekauft oder ein Familienauto angeschafft. Es ist auch schon passiert, dass Paare ein solches Auto von der Familie geschenkt bekommen haben, was ja wieder Erwartungen ausdrückt und ein Verpflichtungsgefühl auslösen kann, jetzt auch das erwartete Kind *liefern* zu müssen. In einer solchen Situation einfach zu sagen, ich lege jetzt den Kinderwunsch beiseite, fertig aus, so etwas ist oft gar nicht möglich. In vielen Fällen ist es vielmehr ein langsames Abschiednehmen, nicht selten auch ein langsames reflektiertes Loslassen von Dingen, die man sich für den Fall der Fälle beiseitegelegt hatte.

Betroffene erzählen immer wieder, dass sie von Familienangehörigen Kleidung, Möbel und so weiter bekommen haben und die Sachen dann wie Mahnmale irgendwo im Keller oder einer Ecke stehen. Zu sagen: „Ok, wir geben das jetzt ab. Falls wir es später doch brauchen sollten, können wir immer noch andere Sachen kaufen“, kann eine echte Befreiung sein, vorausgesetzt, dass man innerlich schon bereit dazu ist.

Außerdem sollte man beim Loslassen des unerfüllten Kinderwunsches zwischen Verstandesüberlegungen und Herzensangelegenheiten unterscheiden. Der Verstand kann zum Beispiel analysieren:

Was haben wir investiert, was ist das Ergebnis? Was kostet es uns, wenn wir jetzt noch weitergehen, und was nützt es? Welche Folgen hat es, wenn wir jetzt bestimmte Wege nicht mehr einschlagen und so weiter. Zugleich sollte man aber immer daran denken, dass auch das Herz Zeit braucht, um sich darauf einzustellen.

Man kann vom Verstand her Entscheidungen treffen, aber das eigene Herz braucht vielleicht noch mehr Zeit, um hinterherzukommen. So wie in der Legende von dem Indianer, der zum ersten Mal mit dem Feuerross (Eisenbahn) fährt, statt zu reiten, und sich danach erst einmal am Bahnhof drei Tage lang auf den Boden setzt. Auf die Frage, was er da macht, antwortet er: „Ich warte hier. Meine Seele ist noch nicht angekommen!" Meiner Erfahrung nach sind Betroffene mit unerfülltem Kinderwunsch nicht selten durch verschiedene Zugzwänge in einem solchen Getriebe unterwegs, dass sie kaum Ruhe haben, das ganze Geschehen einmal mit Abstand zu reflektieren und überhaupt zu erwägen, den Kinderwunsch loszulassen.

Wie können Paare um ihren unerfüllten Kinderwunsch trauern?

Jeder Mensch trauert und durchläuft die verschiedenen Trauerphasen anders. Es ist daher wichtig, jedem seine Art zu trauern und die dafür benötigte Zeit zuzugestehen. Man sollte außerdem wissen, dass Partner in der Regel nicht gleich trauern. Meist erhält einer von beiden das Paarsystem eher am Laufen, während der andere den Freiraum hat, der Trauer nachzugeben und auch *abzustürzen*. Doch das geschieht meist als unausgesprochene Dynamik.

Dass beide komplett *abstürzen* und das ganze System zum Erliegen kommt, wäre in der konkreten Situation auch nicht hilfreich. Wenn sich keiner mehr um Geld, Essen und Arbeit kümmerte, fährt alles vor die Wand. Daher rappelt sich meistens doch einer von beiden auf und zieht die Sachen durch, während der andere trauert.

Wenn man um diese Dynamik nicht weiß und sich das unterschiedliche Verhalten gegenseitig vorwirft, etwa unterstellt, einer würde nicht richtig trauern oder der andere würde sich nur gehen lassen, kann das die Beziehung schädigen. Wissen beide aber darum, können sie Lösungsmöglichkeiten überlegen. Dann kann vielleicht auch jemand, der die ganze Zeit durchgepowert hat, sagen, dass er jetzt mal Zeit zur Verarbeitung braucht. Auch, wenn er das vielleicht ganz anders angeht. Der eine braucht seine Höhle und trauert für sich, der andere muss eher darüber sprechen, in die Beratung gehen, das für sich mit jemandem sortieren und dann verarbeiten.

Wo sehen Sie Vorteile einer professionellen Begleitung während des unerfüllten Kinderwunsches?

Aus meiner Erfahrung ist die ganze Konstellation des unerfüllten Kinderwunsches meist sehr komplex, eher wie eine aufwändige Bergwanderung und kein Spaziergang. So ist übrigens auch der Name des Seminars[4] entstanden, das ich für Team-F leite. Es ist

---

4 *https://www.team-f.de/de/seminaruebersicht__37/?evtContDetail=829, 23.1.20.*

ein herausfordernder, manchmal auch echt harter und langer Weg. Niemand weiß im Vorfeld, wie lang und wie steil dieser Weg ist oder ob er sich im Rückblick als eher harmlos herausstellt. Wenn man auf diesem Weg unterwegs ist und merkt, dass er zur Durststrecke und das Thema übergroß wird, auch wenn das Paar sich daran aufreibt, Beziehungen Schaden nehmen, man mit dem Leid nicht klarkommt, alles nur noch nebelig wird und man die nächsten Streckenabschnitte nicht mehr sieht, dann finde ich es wichtig, sich Hilfe zu suchen.

Beratung kann ja ganz unterschiedliche Formen annehmen. Ich habe eine ganze Reihe von Einzelpersonen und Paaren gesehen, die einmal zur Beratung kommen, sich sortieren und danach wieder alleine weitergehen. Für viele löst ein einzelner Termin bereits zentrale Fragen. Dann gibt es Betroffene, die kommen nach einer längeren Zeit mit neuen Fragen oder anderen Themenschwerpunkten wieder. Und es gibt solche, die eine engmaschigere Begleitung brauchen, insbesondere, wenn der unerfüllte Kinderwunsch die Paarbeziehung angreift und sie in eine Krise reinschlittern.

Wir wissen, dass je länger sich so ein Paarsystem in einer Krise befindet, man sich nicht mehr versteht und die gegenseitige Abneigung immer größer wird, es immer schwerer wird, das Scheitern der Beziehung auf den letzten Metern noch zu verhindern. Eine Beziehung erhalten, das kann aber auch kein Berater für das Paar tun, sondern nur jedes Paar selbst.

Im Talmud gibt es so einen weisen Satz: „Wir sehen die Dinge nicht so, wie sie sind, sondern wie wir sind." Das macht deutlich: Jeder hat eine Brille auf und schaut aus seiner Perspektive. Und wenn man in so einer Notsituation ist, wie in einem unerfüllten Kinderwunsch, und dann durch seine Brille auf eine bestimmte

Sichtweise fokussiert ist, kann man oft gar nicht verstehen, warum es für den anderen ganz anders aussieht. Da kann ein externer Dritter wie ein Berater durchaus helfen, noch mal eine ganz andere Sichtweise einzunehmen und nicht immer in die gleichen Empfindlichkeiten oder Fettnäpfchen reinzulaufen, die man entwickelt hat.

Außerdem kann die Beratung Paaren dabei helfen, sich mit Blick auf ihre Familien oder Freundeskreise gut aufzustellen. Es gibt Familien oder Freunde, die hilfreich mit dem Thema umgehen und andere, denen das nicht so gut gelingt. Manchmal spielt bei Eltern auch der unerfüllte Enkelwunsch eine große Rolle, und es wird direkt oder indirekt Druck ausgeübt.

Immer mal wieder kommt es auch vor, dass sich Personen wegen eines unerfüllten Kinderwunsches zur Beratung anmelden, und im Gespräch kommen plötzlich ganz andere Themen auf die Agenda, die viel zentraler und vordergründiger sind, zum Beispiel eine nicht vollzogene Sexualität, also dass es einem Paar nicht gelingt, miteinander zu schlafen, obwohl sie es möchten. Dies ist ein immenses Tabu-Thema, mit dem Betroffene oft leider erst sehr spät in die Beratung kommen. Viele empfinden deswegen viel Scham und denken, dass sie die Einzigen sind, denen das nicht gelingt. Dabei gibt es ganz verschiedene Ursachen und sehr wohl etliche Betroffene und meist gute Möglichkeiten, ihnen weiterzuhelfen. Seit Jahren bin ich mit Klienten in der Beratung zu diesem Thema unterwegs und habe es auch bewusst entgegen der starken Tabuisierung in meiner 2. Auflage[5] von „Frau sein – Sexualität mit Leib und Seele" als eigenes Kapitel mit aufgenommen.

---

5 *https://www.bod.de/buchshop/frau-sein-dr-med-ute-buth-9783748147978, 23.1.20.*

Je nachdem, worum es in der Beratung speziell gehen soll, ist es daher hilfreich, sich nach Möglichkeit jemanden zu suchen, der auf das entsprechende Thema spezialisiert ist. Generell hilft ein tieferes Verständnis vom unerfüllten Kinderwunsch und seinen Dynamiken, Betroffene auf diesem Weg fachkundig zu begleiten. Manchmal haben Kinderwunschzentren eine psychologische Fachkraft mitangestellt und bieten entsprechende Beratung an. Ob eine solche Beratung finanziell von der Krankenkasse getragen wird, sollte man in der Kinderwunschpraxis beziehungsweise individuell bei seiner Kasse erfragen.

Meine eigenen Beratungen biete ich normalerweise in der Beratungsstelle vor Ort an. Nur in wenigen Einzelfragen halte ich eine punktuelle Beratung per Telefon für denkbar und sinnvoll. Bei komplexeren Fragestellungen habe ich persönlich im Gegensatz zu einer meiner Kolleginnen mit Telefon- und Onlineberatungen nicht so gute Erfahrungen gemacht. Denn bei einer persönlichen Beratung haben alle Beteiligten viel umfassendere Möglichkeiten, sich gegenseitig wahrzunehmen, und ich selbst erlebe die Verbindlichkeit der Ratsuchenden auch anders.

Aus diesem Grund biete ich stattdessen Intensivberatungen an, zu denen meist die Klienten am Vortag abends anreisen und in der Umgebung übernachten, sodass wir dann direkt morgens mit bis zu vier Stunden Beratung starten können. Auf diese Weise ist es auch Ratsuchenden von weiter weg möglich, sich einmal intensiv zu sortieren und dann vielleicht nach ein paar Monaten noch einmal die Gelegenheit eines weiteren Termins zu nutzen, wenn sie es brauchen. Manche benötigen das aber auch gar nicht, weil sie sich danach neu ausrichten und alleine ihren Weg weitergehen können.

Schön finde ich, dass manche Ratsuchende nach meinen Intensivberatungen oft die Zeit noch für sich nutzen und im Ruhrgebiet etwas unternehmen, dass sie also diese Gelegenheit für eine schöne Zeit zu zweit verwenden und erst später nach Hause fahren. Damit hat der Termin auch noch eine andere, dem Paar dienliche Bedeutung erhalten, was das Paar zusätzlich stärken kann. Und mit dieser Perspektive ist eine Anreise mitunter quer durch Deutschland vielleicht auch leichter anzugehen. Ganz abgesehen davon, dass wir allein beim *Weißen Kreuz* inzwischen über 250 uns angeschlossene Berater in unserem Netzwerk haben, sodass auf diesem Weg mit Hilfe der Themen- und Umkreissuche[6] auch näherliegende Berater in der eigenen Region gefunden werden können.

Vielen Dank für das Gespräch.

Buchempfehlung

Dr. Ute Buth, *Ich warte noch auf dich – Unerfüllter Kinderwunsch: fachliche Hilfe und persönliche Erfahrungsberichte*, Holzgerlingen: SCM Hänssler 2010

Nur noch über die Autorin bestellbar: bestellung@utebuth.de

Beratung: www.herzenskunst-beratung.de

---

6 *https://www.weisses-kreuz.de/bildungs-und-beratungsangebote/beratersuche 23.1.20.*

Christliche Gruppen für Frauen und Paare im Kinderwunsch

Das Hope-Kinderwunsch-Netzwerk

Magali Cassar befindet sich seit sechs Jahren mit ihrem Mann auf der *Kinderwunschreise.* 2014 liegt sie zwischen zwei Behandlungen im Kinderwunschzentrum bei ihrem Physiotherapeuten auf der Akupunkturliege und soll sich entspannen. Sie denkt darüber nach, dass es doch toll wäre, ähnlich wie in den USA auch in Deutschland Gruppen für Menschen während der Kinderwunschzeit zu haben.

Ein paar Tage später fragt sie ihre Pastorin, ob diese jemanden kenne, der eine solche Gruppe anbieten kann. Diese ermutigt sie, selbst diese Arbeit ins Leben zu rufen, weshalb Magali an einer Leiterinnenausbildung teilnimmt. Ein halbes Jahr später gründet sie in ihrer Heimat München die erste *Hope-Group*. Eine Gruppe, in der sich Frauen in der unerfüllten Kinderwunschzeit austauschen, gegenseitig stärken und füreinander beten können.

Ein Jahr später hat sie auf dem Herzen, noch mehr Menschen dieses wohltuende Angebot zu ermöglichen, ein Netzwerk zu gründen und im ganzen deutschsprachigen Raum *Hope-Groups* zu etablieren. Über ihre Website und Instagram ergeben sich diesbezüglich Kontakte, und es melden sich immer mehr potenzielle Gruppenleiterinnen bei ihr.

Gruppen im ganzen deutschsprachigen Raum

Magali schreibt ein Konzept und führt Gespräche mit den Bewerberinnen. Ihr ist wichtig, dass diese fähig sind, eine Gruppe zu leiten, dass sie mental stabil genug sind, die Teilnehmer*innen in ihr Zuhause einladen können und dass sie mit Gott unterwegs sind. In den kommenden Jahren entstehen in Deutschland und in der Schweiz immer mehr Gruppen, darunter ist auch eine Online-Gruppe. Der Bedarf ist riesig.

Je nachdem, was die jeweilige Leiterin anbieten möchte, gilt das Angebot auch für Paare. Die Gruppen treffen sich mindestens einmal im Monat, und darüber hinaus vernetzen sich die Leiterinnen untereinander und bilden sich gegenseitig aus.

Ein *Hope-Group-Treffen* läuft ähnlich ab, wie ein Abend in einem Hauskreis. Nach einem Teil des Ankommens und der Begrüßung gibt es meist einen Austausch, in dem jede*r Teilnehmer*in Raum für die eigene Geschichte, Gedanken und Gefühle hat.

Magali ist wichtig, dass es nicht beim reinen Austausch bleibt, sondern auch einen Programmpunkt gibt und die Teilnehmer*innen aktiv an sich arbeiten: „Für mich sind drei Kriterien wichtig: Wir wollen Gott erleben, jede*r soll auf ganz individuelle Art und Weise wachsen und wir wollen Gemeinschaft erleben.“ Deshalb empfiehlt sie ihren Leiterinnen, sich für die Treffen ein Thema oder eine Andacht zu überlegen, oder gemeinsam ein Buch zu lesen. Manche Gruppen erarbeiten sogar ein Jahresprogramm.

Magalis Frauengruppe in München ist nun seit vier Jahren gemeinsam unterwegs. Manche Teilnehmerinnen haben Kinder bekommen und sich verabschiedet, andere sind dazugekommen. Die Frauen verbindet in der Regel ein langer Leidensweg, weshalb sie sich meist von Herzen füreinander freuen können, wenn eine von ihnen schwanger wird.

Die Gruppe bietet jedoch auch einen geschützten Raum, wenn einer Teilnehmerin die Schwangerschaft einer anderen nicht leicht fällt. Gefühle und Gedanken dürfen geäußert werden, es wird darüber gesprochen und gebetet. Das hilft ihnen, auch außerhalb der Gruppe mit Schwangerschaften in ihrem Umfeld umzugehen.

Meist bleibt die Schwangere noch bis zur Geburt ihres Kindes in der Gruppe. Denn viele sind unsicher, haben Angst, ihr Kind wieder zu verlieren, haben schon Fehlgeburten erlitten und finden auch hier Halt und Unterstützung bei den anderen. Wenn ihr Kind leben darf, werden sie von der Gruppe mit Gebet und Segen zur Geburt verabschiedet. Andere Frauen verlassen die Gruppe, weil sie, meist aufgrund eindeutiger Diagnosen, ihren Kinderwunsch loslassen möchten. Manche von ihnen kommen zurück und erfahren Begleitung während eines Adoptionsverfahrens oder im Prozess der Anwartschaft als Pflegeeltern. Die Türen der *Hope-Groups* stehen stets offen.

Da die Teilnehmerinnen aus ganz unterschiedlichen Kirchenkontexten mit verschiedenen Glaubensansichten kommen, ist es Magali besonders wichtig, dass unterschiedliche Auffassungen respektiert werden: „Ich möchte nicht, dass wir übereinander urteilen. Wenn sich ein Paar beispielsweise aus religiösen Gründen gegen eine Kinderwunschbehandlung entscheidet, soll das genauso respektiert werden wie andersherum."

Ein Netzwerk

Magali und ihr Team engagieren sich ehrenamtlich. Sie möchten, dass das Thema *unerfüllter Kinderwunsch* immer mehr in der Gesellschaft und auch in den Gemeinden thematisiert wird. Sie vernetzen Initiativen und Unterstützungsangebote, bieten Workshops an und organisieren Wochenenden für Betroffene. Deshalb freuen sie sich über jede Person, der das Thema auf dem Herzen liegt und die eine Tür öffnet, mitarbeiten möchte oder den Mut hat, in ihren Kreisen darüber aufzuklären. Denn dass fast jedes siebte Paar von ungewollter Kinderlosigkeit betroffen ist, ist bisher nur wenigen bekannt.

Wer sich über das Angebot von *Hope* informieren oder mit der Initiative vernetzen möchte, melde sich gern per Mail unter: hello@hope-kinderwunschzeit.com

Website: hope-kinderwunschzeit.com

Dank

Zuallererst möchte ich allen Frauen und Paaren danken, die mir ihre Geschichte erzählt oder zur Verfügung gestellt haben. Tausend Dank für eure Offenheit und euren Mut, dieses wichtige und doch häufig noch tabuisierte Thema öffentlich zu machen – ihr seid toll! Außerdem danke an alle, mit denen ich mich ausgetauscht habe, die nicht direkt im Buch erscheinen.

Vielen Dank an Ute Buth, für ihre Zeit und die tollen Ergänzungen auf fachlicher Seite. Und danke an alle, die auf andere Weise auf das Thema unerfüllter Kinderwunsch aufmerksam machen und so einen wichtigen Beitrag dazu leisten, dass es in der Gesellschaft ankommt.

Danke an meinen liebsten Mann Fabian, der an mich und dieses Buch geglaubt und sein Einverständnis gegeben hat, unsere persönliche Geschichte zu veröffentlichen.

Auch vielen Dank an meine allerbeste Annette Friese, die mich ermutigt und unterstützt hat, das Projekt anzugehen und an Christina Brudereck, für die *Buch-Geburtshilfe* und ihre Texte.

Meiner Lektorin Ruth Harmsen und dem Verlag Gerth Medien möchte ich für die angenehme, unkomplizierte Zusammenarbeit danken und dass ihr euch an dieses Nieschenthema herangewagt habt.

Vielen Dank dem Team der tollsten Kita von allen: Durch eure liebevolle Betreuung von Antonin wurde die Arbeit am Buch erst ermöglicht!

Danke Gott, für das Wunder des Lebens, dass ich durch meine zwei Söhne Antonin und Benjamin Elias erleben darf!

Kontakt

Wenn Sie als Leser*in Kontakt zu jemandem, dessen Geschichte im Buch beschrieben ist, aufnehmen möchten, schreiben Sie mir bitte eine Mail. Die Frauen und Paare sind gerne bereit, sich über das Thema auszutauschen und ich werde Ihre Mail an die entsprechende Person weiterleiten. Anna.koppri@gmail.com

Wenn Sie eine Buchlesung zum Thema *unerfüllter Kinderwunsch* organisieren möchten oder Ideen haben, wie das Thema an anderer Stelle platziert werden kann, freue ich mich auch über eine Mail an: Anna.koppri@gmail.com

Wenn Sie mögliche Kooperationspartner für das Hope-Netzwerk kennen oder sich selbst vorstellen können, dort mitzuarbeiten, freut Magali Cassar sich über Ihre Mail an: hello@hope-kinderwunschzeit.com

Empfehlungen

Weiterführende Literatur

Mit christlichem Hintergrund

Dr. Ute Buth, *Ich warte noch auf dich – Unerfüllter Kinderwunsch – fachliche Hilfe und persönliche Erfahrungsberichte,* Holzgerlingen: SCM Hänssler 2010
Nur noch über die Autorin bestellbar: bestellung@utebuth.de

Regina Neufeld, *Viel zu kurz und doch für immer: Was wir durch den Tod unseres Kindes über uns, das Leben und Gott gelernt haben,* Asslar: Gerth Medien 2019

Ute Horn, *Leise wie ein Schmetterling: Abschied vom fehlgeborenen Kind,* Holzgerlingen: SCM Hänssler 2005

Ohne christlichen Hintergrund

Franziska Ferber, *Mutig durch den Kinderwunsch – Über den Umgang mit gruseligen Gedanken und bitteren Ratschlägen,* Independently published 2019

Melanie Croyé, *Wenn der Storch nicht von alleine kommt: Gelassen durch die Kinderwunschbehandlung*, Weinheim: Beltz 2018

Julie von Bismarck, *84 Monate: Sieben Jahre gefangen im Kinderwunsch*, München: Piper 2019

Rat und Unterstützung

Mit christlichem Hintergrund

Hope Kinderwunschzeit
https://www.hope-kinderwunschzeit.com
Gruppen und Netzwerk für Paare mit Kinderwunsch

Hannahs Schwestern
www.hannahs-schwestern.de
Initiative für Ehepaare mit Kinderwunsch

Weißes Kreuz
www.weisses-kreuz.de
Beratung rund um Sexualität und Beziehungen,
Zeitschrift zu Reproduktionsmedizin Heft Nr 33, 2008

Team-F
https://www.team-f.de/
Beratung und unregelmäßig das Seminar: „Ein unerfüllter Kinderwunsch ist kein Spaziergang“

Beratung Ute Buth
http://herzenskunst-beratung.de/home.html
Kontakt: info@herzenskunst-beratung.de

Kati Siemens
https://katisiemens.com/de/podcast/
Im Podcast der Ernährungsberaterin geht es auch immer wieder um das Thema unerfüllter Kinderwunsch

Ohne christlichen Hintergrund

Deutsche Gesellschaft für Kinderwunschberatung
https://www.bkid.de

Fertila
www.fertila.de
Wir unterstützen Paare auf dem Weg zum Wunschkind!

Zukunftsglück
https://zukunftsglueck.de
Romy und Alex haben selbst eine Zeit des unerfüllten Kinderwunsches erlebt, diesen losgelassen und leben nun ein erfülltes Leben ohne Kinder. Sie sind ausgebildete Berater und Coaches und bieten nicht nur einen sehr informativen, ehrlichen, lebensnahen Podcast, sondern ebenso persönliche Beratung, Webinare, eine WhatsApp-Gruppe und einen Blog zum Thema an. Da ich den Podcast mit Gewinn gehört habe, möchte ich diesen besonders empfehlen.

Kindersehnsucht
www.kindersehnsucht.de
Coaching, Onlinekurse, Beratung

Ein bisschen schwanger
www.einbisschenschwanger.de
Blog, Coaching, Podcast

Wegweiser Kinderwunsch
www.wegweiser-kinderwunsch.de
Kinderwunsch Blog

Stichwortverzeichnis

Abort: Der Abort ist eine vorzeitige Beendigung der Schwangerschaft vor dem Beginn der 24. Schwangerschaftswoche.

Achtzeller: Embryo im Achtzellstadium

Anbahnung: Pflegeeltern und Kind lernen sich kennen. Der zeitliche Umfang der Anbahnung hängt vom Alter des Kindes und den bisherigen Geschehnissen ab.

Dauerpflege: Die Dauerpflegefamilie hat eine familienersetzende Funktion. Der Schwerpunkt der Hilfe liegt im Aufbau einer sicheren, dauerhaften Bindung des Kindes an seine Ersatzeltern, die ihrerseits die soziale Elternschaft und die langfristige Erziehungsverantwortung übernehmen.

Embryo: Als Embryo im rechtlichen Sinne gilt bereits die befruchtete, entwicklungsfähige menschliche Eizelle vom Zeitpunkt der Kernverschmelzung an. Ferner wird jede einem Embryo entnommene totipotente Zelle, die sich bei Vorliegen der dafür erforderlichen weiteren Voraussetzungen zu teilen und zu einem Individuum zu entwickeln vermag, als Embryo angesehen.

Embryonenschutzgesetz: Das Embryonenschutzgesetz, regelt in Deutschland den medizinischen Umgang mit befruchteten Eizellen und Embryonen.

Endometriose: Die Schleimhaut der Gebärmutter hat sich außerhalb des normalen Bereiches, inner- oder außerhalb der Gebärmutter angesiedelt. Dabei können Schmerzen, erschwerte Stuhlentleerung und Blasenfunktionsstörungen auftreten.

FAS: Das Fetale Alkoholsyndrom, auch Alkoholembryopathie genannt, bezeichnet eine Reihe vorgeburtlich entstandener Schädigungen eines Kindes durch von der schwangeren Mutter aufgenommenen Alkohol.

Follikelbildung: Als Follikelreifung bezeichnet man die Entwicklung der Ovarialfollikel des weiblichen Eierstocks. Die Ovarialfollikel bestehen aus Eizellen und Follikelepithelzellen.

ICSI: Intrazytoplasmatische Spermieninjektion. Die Intrazytoplasmatische Spermieninjektion, ICSI ist eine Methode der künstlichen Befruchtung. Dabei wird die Samenzelle, das Spermium des Mannes, direkt in das Zytoplasma (Ooplasma) einer Eizelle eingespritzt.

Integrationsstatus: Der Integrationsstatus ermöglicht Kindern mit Einschränkungen unterschiedlicher Art in den Kindertagesstätten zusätzliche Förderung zu erhalten. Diese Förderung wird durch speziell ausgebildete FacherzieherInnen für Integration im Rahmen des Kitaalltags durchgeführt.

IVF: In der In-vitro-Fertilisation werden entnommene Eizellen mit aufbereitetem Sperma in einem Reagenzglas zusammengebracht. Es findet eine spontane Befruchtung statt. So erfolgt eine natürliche Selektion der mobilen und schnellen Spermien.

Kryokonservierung: Als Kryokonservierung bezeichnet man die zu Aufbewahrungszwecken erfolgende Konservierung von Zellen und organischen Geweben durch Einfrieren. Als Kühlmedium dient meistens flüssiger Stickstoff. Weniger empfindlichen Materialien können auch in Tiefkühltruhen bei -20 bis -70 °C gelagert werden.

PMS: Das Prämenstruelle Syndrom bezeichnet Beschwerden, die einige Tage vor der monatlichen Blutung (Menstruation) beginnen und meist mit dem Einsetzen der Blutung verschwinden. Der Zusammenhang der verschiedenen Beschwerden (Kopf-, Rücken- und Brustschmerzen, Stimmungsschwankungen, Reizbarkeit) mit dem Zyklus lässt sich durch Aufzeichnungen ermitteln. Oft ist ein Mangel des Hormons Progesteron dafür verantwortlich.

Spermiogramm: Ein Spermiogramm ist ein Test zur Feststellung der Zeugungsfähigkeit des Mannes. Untersucht werden die männlichen Spermien, wofür eine Ejakulatprobe notwendig ist. Diese kann nur im verflüssigten Stadium (nach ca. 20-30 Min.) für den Test verwendet werden.

Team-F: Christliche Beratung und Seminare rund um das Thema Familie

Verhinderungspflege: Pflegebedürftige, die von ihren Angehörigen zu Hause versorgt und betreut werden, erhalten Verhinderungspflege, wenn ihre Angehörigen eine Vertretung brauchen.

Zeugungsunfähigkeit: Als Zeugungsunfähigkeit wird die männliche Form der Unfruchtbarkeit bezeichnet. Sie entspricht der Empfängnisunfähigkeit der Frau. Im engeren Sinn beschreibt der Begriff Fortpflanzungsstörungen, die durch eine mangelnde Menge und/oder Qualität des Spermas bedingt sind. Im weiteren Sinn kann er auch auf andere Störungen der Sexualfunktion angewendet werden.

Quellen: https://www.med-kolleg.de/medizin-lexikon/ (01.02.20), https://flexikon.doccheck.com/de/ (01.02.20)

1. Auflage 2020
Bestell-Nr. 817656
ISBN 978-3-95734-656-8

Umschlagfoto: Shutterstock/Nadiia Zhupanik
Umschlaggestaltung: Mareike Schaaf
Satz und Gestaltung: Uhl + Massopust, Aalen
Druck und Verarbeitung: GGP Media GmbH, Pößneck
Printed in Germany